現代調理道具論

おいしさ・美しさ・楽しさを最大化する

稲田俊輔

JN038974

はじめに

何を隠そう僕はプロの料理人です。いや別に隠してませんね。もうかれこれ30年近くこの仕事をしています。

修業時代、とある和食のお店で働いていたときのことです。先輩が牛すじ肉をコトコトと煮ていました。「3〜4時間は煮込んで完全に柔らかくするんだ」と説明してくれた先輩に、僕はうっかり「圧力鍋は使わないんですか?」と聞いてしまいました。その瞬間、先輩の顔色がサッと変わりました。普段からただでさえ怖い顔が、もう一段階恐ろしさを増しています。僕は、しまった、と後悔しましたが、時すでに遅し。先輩は僕を睨みつけ、ドスのきいた声色でこんなことを言いました。

「馬鹿野郎、プロがそんなもの使えるか」

とりあえず僕は、生意気なことを言ってすみません、と光の速さで頭を下げ、その場は事なきを得たのですが、なぜプロが圧力鍋を使ってはいけないのかはさっぱりわからないままでした。

また別の店で働いていたとき、その店の大将とお客さんとして来ていた別の店のシェフが、カウンター越しに激論を交わしていたことがあります。その激論のテーマは「テフロンフライパン」。ウチの大将が、「テフロンパンなんてプロが使うもんじゃねえ」と主張したのに対してシェフは「いや、テフロンパンにしかできないことだってある」と反論していました。シェフは「ホタテ貝柱の表面にノンオイルでさっと火を通す」という使用例を挙げるなどして、結局大将の方が納得して折れることになりました。しかしそれでもそのときの２人の共通見解は、「ただし、使うにしてもそれは仕込みの際だけであり、間違ってもお客さんに見られるわけにはいかない」というものでした。

お客さんに見られるわけにはいかない、という点では、電子レンジはその最たるものでした。電子レンジはあまりにも便利すぎるので、「プロだから」といって使わないわけにもいかなかったのですが、使っていることをお客さんに悟られることは最大級の失態と見做《みな》されていました。

結果それは、客席のどこからも、あるいはお客さんが立って歩き回ったとしても絶対に目に入らない死角に置かれました。特にオープンキッチンの場合は、カウンターコーナー部分の足元みたいな超絶使いにくい場所に置くしかありません。営業中何度も腰を屈め、身体を斜めにしてそれを使い続けるのは、それだけで結構なストレスでした。

さらに、その「チーン」という音が客席まで聞こえてしまっては台無しです。料理人の多くが、電子レンジを分解して「チーン」が鳴らないように細工する、という危険極まりないスキルを習得しており、それは先輩から後輩へと受け継がれていきました。

今となっては馬鹿馬鹿しいこだわりとしか思えないのですが、そこには確かに職人としての誇りのようなものがあったのでしょう。また少し穿《うが》った見方をすれば、便利な道具によって自分が苦労して身につけてきた技術が無効化されかねないことに対する、ある種の警戒心もあったように思います。

僕自身はそんな修業時代も含め、自分のことを徹底した合理主義者だと思ってきました。だから自分が厨房を仕切る立場になったときはすぐに圧力鍋を買い込みましたし、電子レンジは屈まなくても使える、つまりお客さんからも丸見えの位置に移動しました。しかし一方で、そんな自分の中のどこかに、若き日に刷り込まれた「プロの料理人たるもの」という無駄なこだわりが、密かに息づいているのも感じていました。それは、楽をすることに対するちょっとした罪悪感であり、面倒なことをサラリとやってのけることに対する自己陶酔のようなものでもあったのでしょう。

さらに時は過ぎ、僕は料理人を続ける傍ら、一般家庭向けの料理本を作るという仕事も始めることになりました。そこにおいては、いかに読者の皆さまに楽をしてもらうかが何より大事でした。結果が同じなら、そのプロセスは楽なほどよい。しかしその結果において妥協はできない。ここに来てようやく僕は、無駄なこだわりを捨てるコツのようなものを身につけた気がします。もう少し正確に言うと、必要なこだわりとそうではないこだわりを峻別《しゅんべつ》できるようになったということです。

本書ではこの価値観をさらにもう一歩進め、最短ルートで最高の結果を得るために徹底的に道具にこだわってみる、ということをテーマにしました。「最高の結果」に必要なものはズバリ「おいしさ」ですが、決してそれだけというわけでもありません。それは仕上がった料理が置かれる食卓の風景であり、料理することそのものの楽しさです。調理器具という文明の力をフル活用することで、料理におけるストレスを最小化しつつ、おいしさ・美しさ・楽しさを最大化するというゴールを目指したということになります。

そのゴールのために手段は選ばない！　ということで、僕は生まれて初めて「自動調理鍋」なるものも使いました。初めて使ったときは、修業時代の先輩の怖い顔が脳裏に浮かびました。

「馬鹿野郎、プロがなんてもの使ってるんだ」

しかし今の僕なら平然と言い返すことができます。

「先輩だって、本当はもっと楽したかったでしょう？」

料理の仕上がりを見たら、先輩もきっと納得してくれると思います。

目次

〈本書について〉
★レシピに応じて再現性のために計量単位をなるべく「グラム（g）」で表記しています。デジタルスケールで計量しながら作ることを推奨します。
★温度、時間、火加減はあくまでも目安です。調理環境に応じて調整してください。
★塩は水分を含まないサラサラしたものを使用してください。特別な塩を使う必要はありません。普通の食卓塩等で十分です。
★本書は「with class」連載「いそがし家庭は金で解決だ！」を修正・加筆のうえ、再編集したものです。

1

今作りたい料理にちょうどいい調理器具

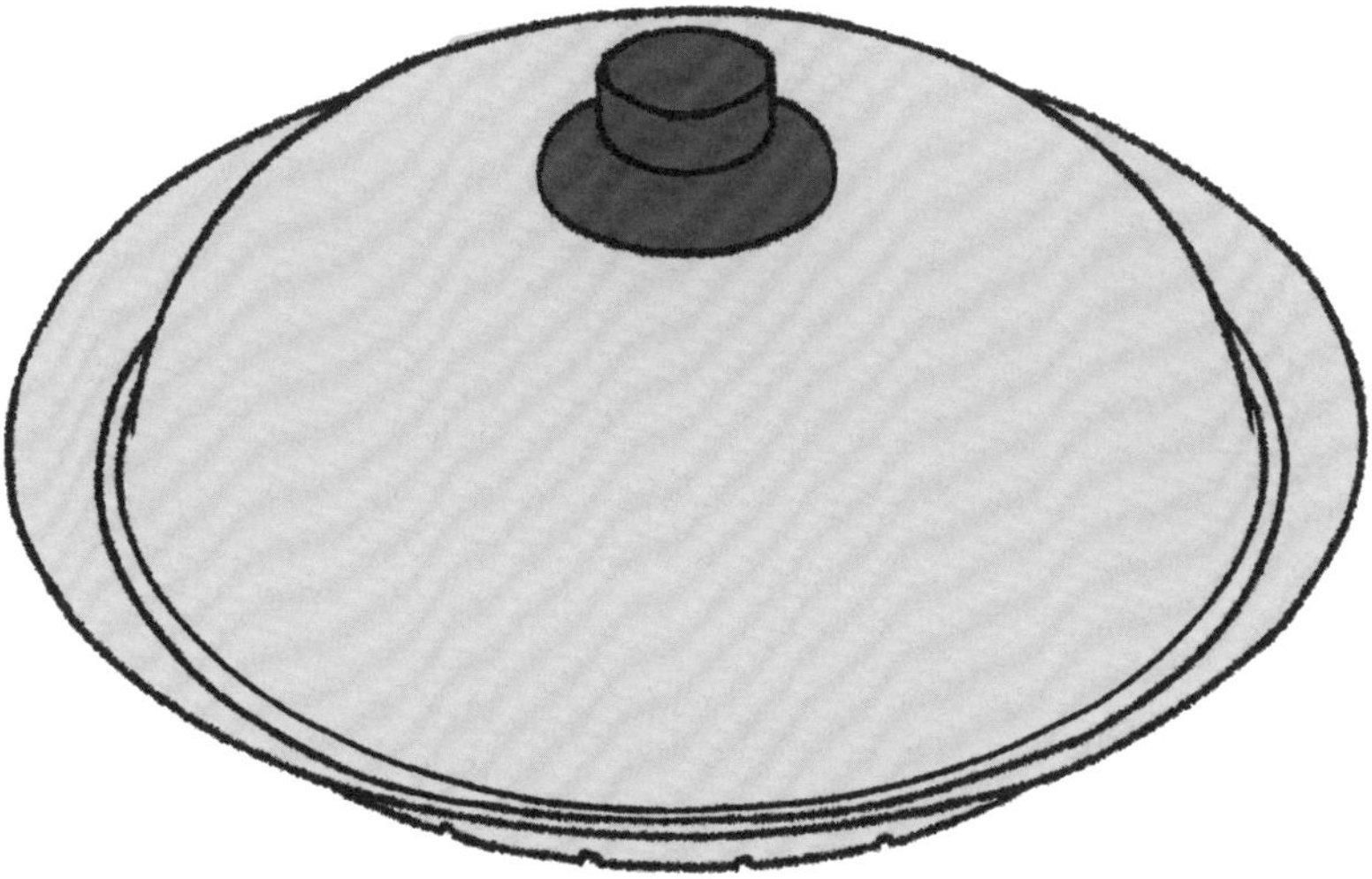

蒸し器

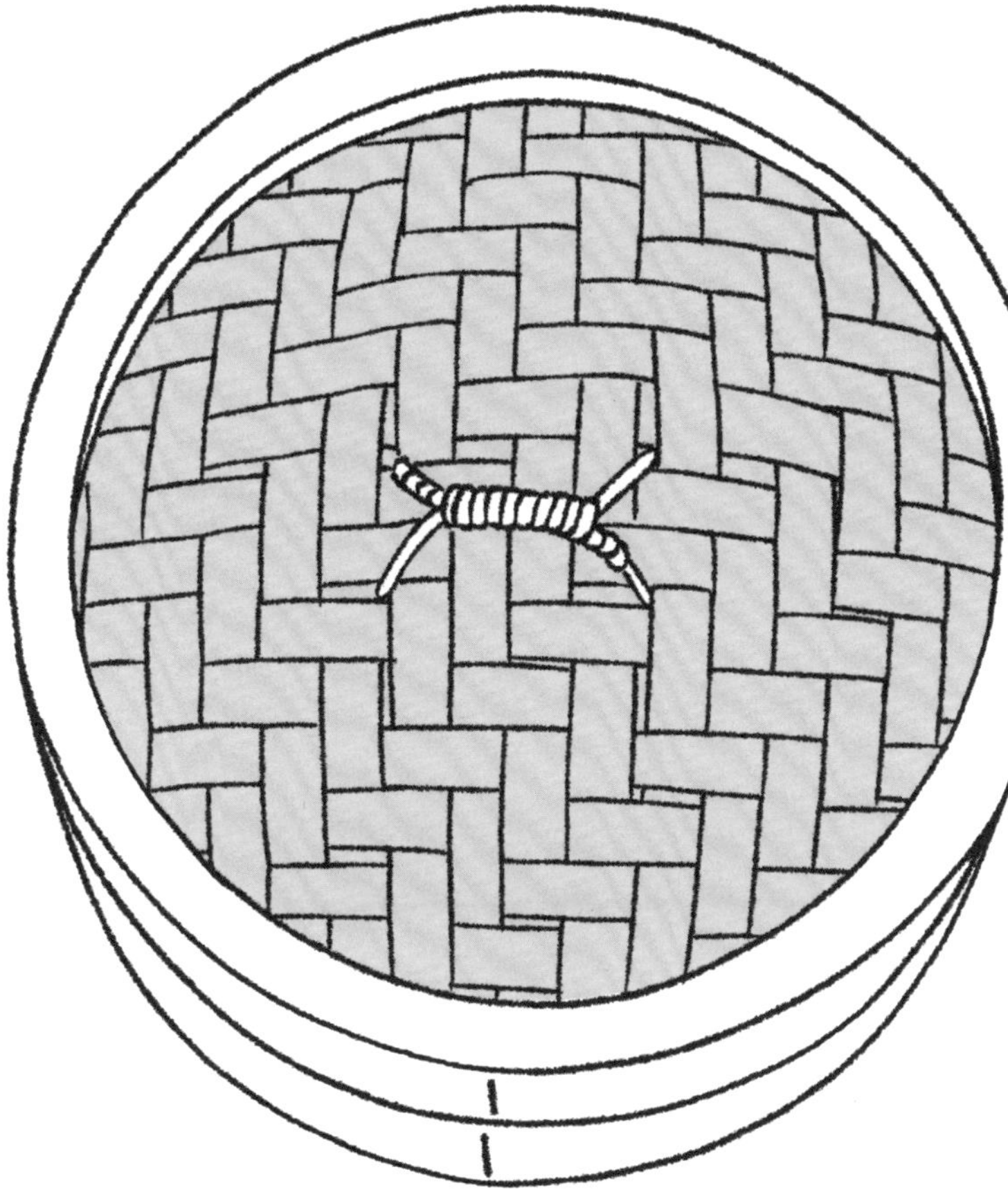

〝蒸す〟を日本の家庭に取り戻す

フライパン蒸し器・シリコンスチーマー・蒸籠《せいろ》

半世紀ほど前の古い料理本を見ていると、調理道具として、蒸し器が頻繁に登場します。これは現代の家庭からはほぼ失われているものではないでしょうか。

僕が知る蒸し器は角の丸まった四角形で、それが水だけを入れる下鍋を含めて3段になっており、蓋をするときには布巾をかませます。いかにも磯野家のような大家族前提のサイズで、現代の台所にあんなものがあったら邪魔で邪魔で仕方がないでしょう。そこにかませる大きくて薄い木綿の布巾すら、今ではあまり使われなくなっていそうです。それでもあの昭和の蒸し器はいまだに、「蒸す」という調理には欠かせないものとして、多くの日本人にイメージされているように思います。ついつい、あれが無いから家では蒸し物ができない、と考えがちです。圧力鍋などには、一応蒸し器としても使えるようにするためのパーツが付いていたりしますが、あれはあれで面積が小さすぎる。いくら現代の家庭の多くが少人数世帯とはいえ、家族全員分の蒸し物を一度に作るのには向いていません。

そうやって多くの人は、蒸し物から遠ざかってきました。そもそも蒸し物は、できなければできないでそんなに困りません。代わりになる調理法はいくらでもありますし、どうしても蒸さないと作れない料理の多くは、スーパーのお惣菜コーナーなどで簡単に手に入ります。焼売を筆頭に、冷凍食品も充実しています。電子レンジさえあれば、即解決です。

僕もそんな一人でした。しかしあるとき、どうしても蒸し物がしたくなりました。なぜならば突然、焼売を作らねばならぬ、という謎の使命感に駆られたからです。当時僕は（今もですが）、食材や調味料を可能な限りシンプルにすることで逆に新しいおいしさを手に入れる、という「ミニマル料理」にハマっていました。焼売においてもこの手法は有効なはずである、という天啓を得たのです。

蒸し器は無くとも家にあるものでなんとかできないかと、早速知恵を絞りました。考えに考えました。最終的に、深型フライパンとステンレス落とし蓋とカトリ（インドの金属製の小皿）を組み合わせ、即席の蒸し器が完成！　ちなみにこの簡易蒸し器は今でもわが家で活用され続けています。

蒸し料理はできなければできないで特に困らないとは思っていましたが、気軽にやれたらそれはそれで、料理の幅が確実に広がります。買ってきた中華まんなどを温めなおすにも、電子レンジより確実においしく仕上がるのが嬉しいところです。

そしてそうやって完成した「ミニマル焼売」は、たいへん満足のいく出来でした。具材は豚肉と玉ねぎだけ、調味料は塩と醤油少々。そこにしっかり効かせたしょうががアクセントになり、お酒で水分を加えればふんわりジューシーな仕上がり。レシピはその後、何度かのマイナーチェンジを経て、今では密かに「もしかしたら世界で一番うまい焼売なのではないか」とすら思っています。あくまで個人の好みと個人の感想なので、それくらい言うのはどうか許してください。後ほどそのレシピの最新版をご紹介します。

実は僕は昔から餃子より焼売派です。しかし、餃子と焼売は往々にしてライバル同士と目されながら、最近はどうも焼売の旗色が悪いようです。これは由々しき問題である、と常日頃感じていたことも、ミニマル焼売の開発に着手したインセンティブのひとつでした。

手作り餃子は、スパイスカレーや四川麻婆豆腐と並ぶ、中年料理男のハマり道。こだわりが嵩《こう》じて皮まで手作りするようになったら、その道の最終到達点である「蕎麦打ち」までもう一歩です。それは良い。それはそれで良い。しかし焼売はもう少し、日常の営みとしての家庭料理寄りだと思います。

味の好き嫌いは人それぞれだと思いますが、どっちが気楽で簡単かといえば、これは焼売の圧勝。餃子は、まな板にのり切らないほどの大量の野菜を刻み、そして水気を絞らなければならない。焼売は玉ねぎさえ刻んだらあとは混ぜるだけです。また、焼売は包むのも簡単で、極端な話、片手で団子を握る動作だけで完成します。餃子だとどうしても、等間隔の綺麗なヒダを作らなければいけないプレッシャーを感じてしまいます。少なくとも、皮で中身を完全密封しなければ「失敗」となってしまう。餃子は焼くのも一発勝負で、焼き目をしっかり付けられるか、焦げて台無しになるかは紙一重です。まあそういう「面倒くささとスリル」が男たちの中に生涯息づく少年の心を捉えてやまないのかもしれませんが。

焼売は最後も「蒸す」という、どうやっても失敗しようのない、よしんば失敗してもリカバーのきく作業で仕上げます。しかしこの蒸すという作業を既に多くの日本人は手放してしまっているため、少なくとも僕の観測範囲では、焼売を手作りする人は餃子を手作りする人よりむしろ少ない印象があります。

しかし今こそ、我々は「蒸す」を取り戻し、楽して簡単に手作り焼売のおいしさを手に入れるべきなのではないでしょうか。僕も、いつか突然始まらないとも限らない蕎麦打ちの日々のために、余力は残しておくことにします。


さて今回は焼売を蒸すのに、いつもの簡易蒸し器ではなく、フライパンに重ねて使う専用の蒸しプレートを使いました。簡易蒸し器でも充分満足していたつもりですが、やはり快適さは専用器具の方が確実に上回ります。出来上がった料理を取り出すときに「落とし蓋」がバランスを崩して水没する不安もありませんし、蓋がドーム形であることによって、大きめのものでも蒸せるのみならず、水滴もスムーズにヘリから落ちていきます。

昭和の蒸し器よりは遥かにコンパクトで、もちろんかませる布巾も不要です。「餃子より焼売派」の同志は特に、この機会に導入を検討してみてはいかがでしょう。

世界で一番うまい〈ミニマル焼売〉

[材料／12個分]

A 豚ひき肉…200g
しょうがのすりおろし…10g
塩…小さじ½(3g)
醤油…小さじ1(6g)
酒…大さじ1(15g)

玉ねぎのみじん切り…100g

片栗粉…12g

焼売の皮…12枚　★皮の大きさによる

肉だねはへらを使えば、手も汚れずしっかり混ぜることができる。

クッキングシートの代わりに白菜などの野菜を敷いても OK。

[作り方]

① Aをボウルに入れ、粘りが出るまで混ぜ合わせる。

② 玉ねぎに片栗粉をまぶし、①に加えてまんべんなく混ぜる。

③ 蒸し器にクッキングシートを敷く。②の肉だねを約30gずつ焼売の皮で包み、蒸し器に並べる。10～15分蒸す。

④ 器に盛り付け、からし醤油(分量外)を添える。

★[皮なし焼売]市販の焼売の皮の代わりに、米粉(または小麦粉)30gを水40gで溶いた"衣"を皮とするのもおすすめ。この衣に肉だねをくぐらせて蒸し器に並べ、さらに残った衣を上からかけ、だれないうちにすぐに蒸す(10～15分)。

蒸し野菜だけじゃない。シリコンスチーマーの現在

電子レンジと蒸し器は、少し似ているところがあります。電子レンジが普及する前の時代、ご飯などの温めには蒸し器が使われていました。時間はだいぶかかるにせよ、蒸し器はある程度電子レンジの代用品になり得るということは言えるでしょう。

では、電子レンジは蒸し器の代用品になり得るか。これはまあ、調理するものによりけりです。例えば蒸し野菜は、基本的には電子レンジで充分です。食材自体に水分が含まれており、多少加熱しすぎの部分があっても大きな問題ではないからですね。電子レンジの欠点は、食材の種類や形状によっては加熱ムラが生じてしまうこと。仮に焼売を生から電子レンジで作ると、全体に火を通すこと自体は可能ですが、おそらく皮の一部はカピカピになってしまいます。加熱ムラのせいと、もうひとつ、蒸気が全体に行き渡らないからです。

この欠点を解消する面白いアイデアを目にしたことがあります。これは肉まんの温めのテクニックですが、大きめのマグカップに水を少し入れて、その上に肉まんをのせてラップをかけてチン、というもの。これは、電磁波で直接肉まんを温めつつ、同時にカップの水から蒸発する水蒸気でそこに水分を供給しようということですね。なかなか理にかなった工夫ですが、それでもやはり蒸し器と同じ仕上がりというわけにはいきません。

シリコンスチーマーは、食材そのものの水分をうまく利用し、「なるべく乾燥しないよう」「なるべくムラなく」加熱するための道具です。なので、便利ですが、もちろん限界もある蒸し道具と言えるでしょう。

魚の切り身だけで電子レンジにかけると、やはり加熱ムラで、身の一部がはぜてしまうリスクがあります。今回ご紹介する「けんちん蒸し」は、十分な水分を与えることで、そうなってしまうのを避ける調理法でもあります。普通の鍋では作れない料理ですが、かと言ってわざわざ蒸し器を用意するのも……というときにシリコンスチーマーの特性を活かす調理法の一例です。

細く切った大根、にんじん、ごぼう、たけのこ、きくらげなどと崩した豆腐を合わせたものを「けんちん地」と言います。けんちん蒸しとは、このけんちん地に白身魚や鶏肉などをのせて作る蒸し料理。すったとろろで同じように「とろろ蒸し」にするのもおすすめです。

ちなみにですが今回は、乾燥わかめをそのまま混ぜることで、豆腐の水切りを不要にしています。個人的に豆腐の水切りという作業を、なぜかとても面倒くさいと感じてしまうのです……。

ふわふわ食感！〈鯛のけんちん蒸し〉

［材料／2人分］
真鯛（切り身）…2切れ
木綿豆腐…½丁
A にんじん（せん切り）…20g
わかめ（乾燥）…5g
卵…1個
薄口醤油、みりん…各小さじ2（12g）
片栗粉…20g
ポン酢…適量

シリコンスチーマーを使うことで、電子レンジでもお手軽に本格和食が完成。蒸しムラもなく、けんちん地も鯛もふわふわに仕上がる。

［作り方］
① 真鯛は塩少々（分量外）をふって5分ほどおき、水分をふき取る。
② 豆腐をボウルに入れて軽くつぶす。Aを加えて混ぜ合わせ、わかめが水分を吸うまでしばらくおく。
③ ②をシリコンスチーマーに広げ、その上に①の鯛をのせる。蓋をして電子レンジ（600W）で6分加熱する。器に盛って、ポン酢を添える。

鯛のけんちん蒸し

見た目もおいしさもそのまま食卓へ。蒸籠の再発見

蒸籠にキャベツやしめじなどの野菜を並べ、上を薄切りのお肉で覆って蒸す「せいろ蒸し」。これはかつて全国の飲食店でブームとなりました。やはり蒸籠はビジュアルが良いですし、ここだけの話、お店側にとっても用意が簡単、そしてヘルシーさもばっちりアピールできます。

そんな良いものを誰もが放っておくはずもなく、これを家庭料理に取り入れた方も少なくなかったはずです。もしかしたら、かつてこのために蒸籠を買った人もいるのではないでしょうか。そしてその人は、今でもこの料理を作り続けていることでしょう。

こういう流行はいいですね。単なる流行を超えて定着し、多くの人を幸せにする。「今から蒸籠を買っても遅くない！」ということで、定番のせいろ蒸しをちょこっとアレンジしてみました。どんなものでも、包んだり巻いたりすると、途端に手の込んだご馳走に見えます。今回は豚ばらでなすを巻きました。焼いたり揚げたりするときと違って、〝蒸し〟ならくるっと巻くだけなので、手が込んでいるように見せかけて実は楽ちんです。

せっかくなのでもっとたくさん野菜も食べようということで、彩りも兼ねてオクラとみょうがも一緒に蒸しましたが、もちろんこれらも豚肉で巻けばまた違ったおいしさです。

せいろ蒸しと言えばポン酢やごまだれが定番で

すが、今回はなすと特に相性の良いみそだれで。八丁みそを使った甘じょっぱい味で、適度に脂が落ちた豚肉とよく合います。実は名古屋の某人気みそかつ店と同じ配合。蒸し野菜のほかにもしゃぶしゃぶなど、いろいろ活用できるので覚えておくと便利です。みそを溶く水のかわりに、お好みでだし汁や酒を使ってもいいと思います。

そのほか、ナンプラーだれでタイ風に、コチュジャンだれで韓国風にとせいろ蒸しの可能性はまだまだ無限です！

みそだれで味わう〈なすの豚ばら巻き蒸し〉

［材料／2人分］★写真の蒸籠は直径24cmのものを使用

豚ばら薄切り肉…200g
長なす…2本
オクラ…6本
みょうがが…6個
塩…少々

✚みそだれ

A 八丁みそ…36g
砂糖…20g
水…60ml

材料は蒸籠に直に並べてOK。蒸すことで豚ばら肉の脂が適度に落ちて、なすも柔らかなおいしさに。

［作り方］

①Aをボウルに入れてよく混ぜ、みそだれを作る。
②なすは皮を縞目にむき、四つ割りにして5cm長さに切り、豚肉を巻きつける。オクラはへたをぐるりとむき、みょうがは縦半分に切る。
③鍋に水(分量外)を入れ、全体を水で濡らした蒸籠をのせて火にかける。蒸気が上がってきたら蒸籠をはずす。②のなすは巻き終わりを下にして、オクラとみょうがとともに蒸籠に並べ入れ、塩をふる。
④③を再び鍋にのせ、中火で10～15分蒸す。蒸しあがったら蒸籠ごと食卓へ出し、みそだれを添える。

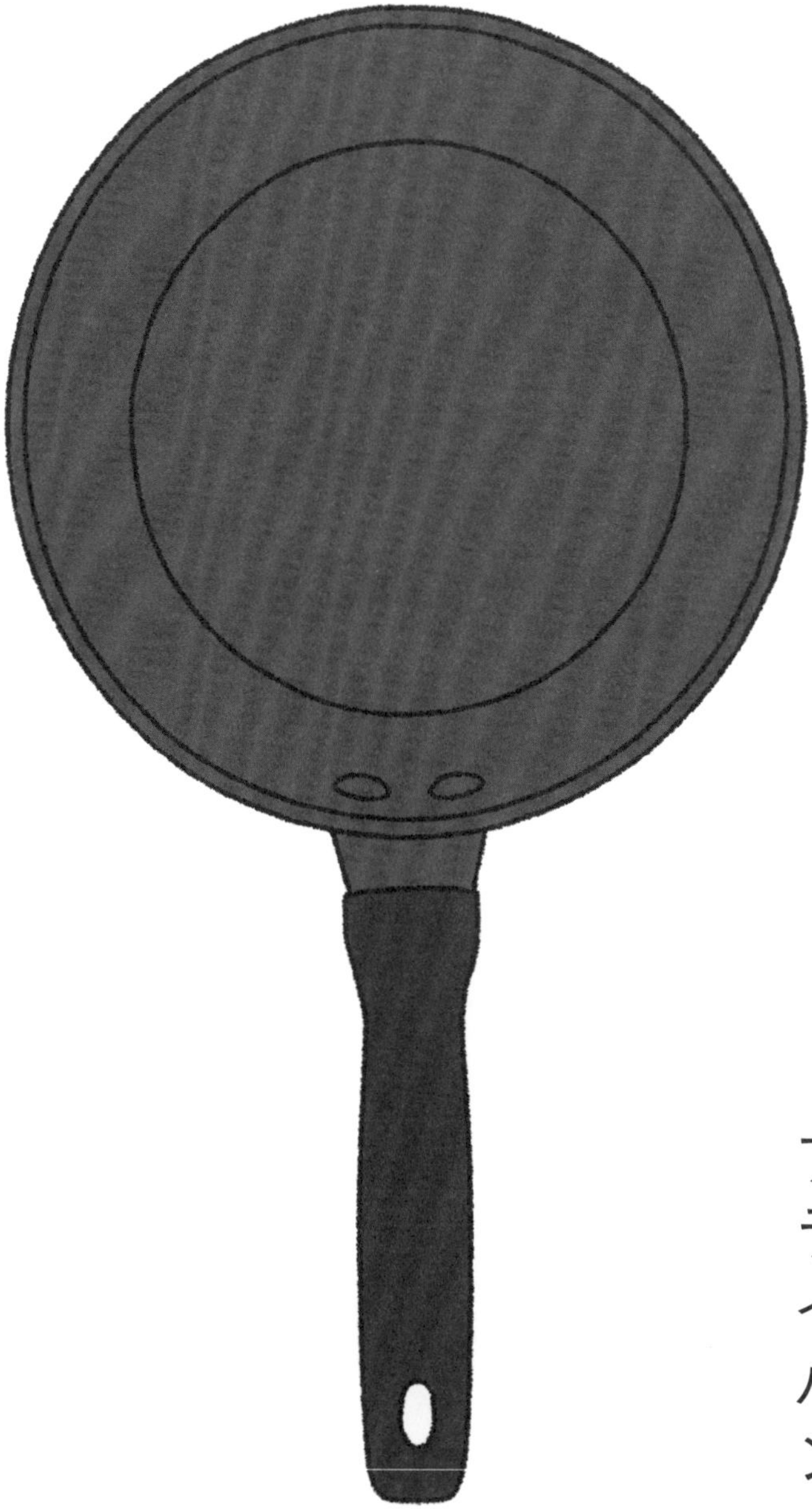

フライパン

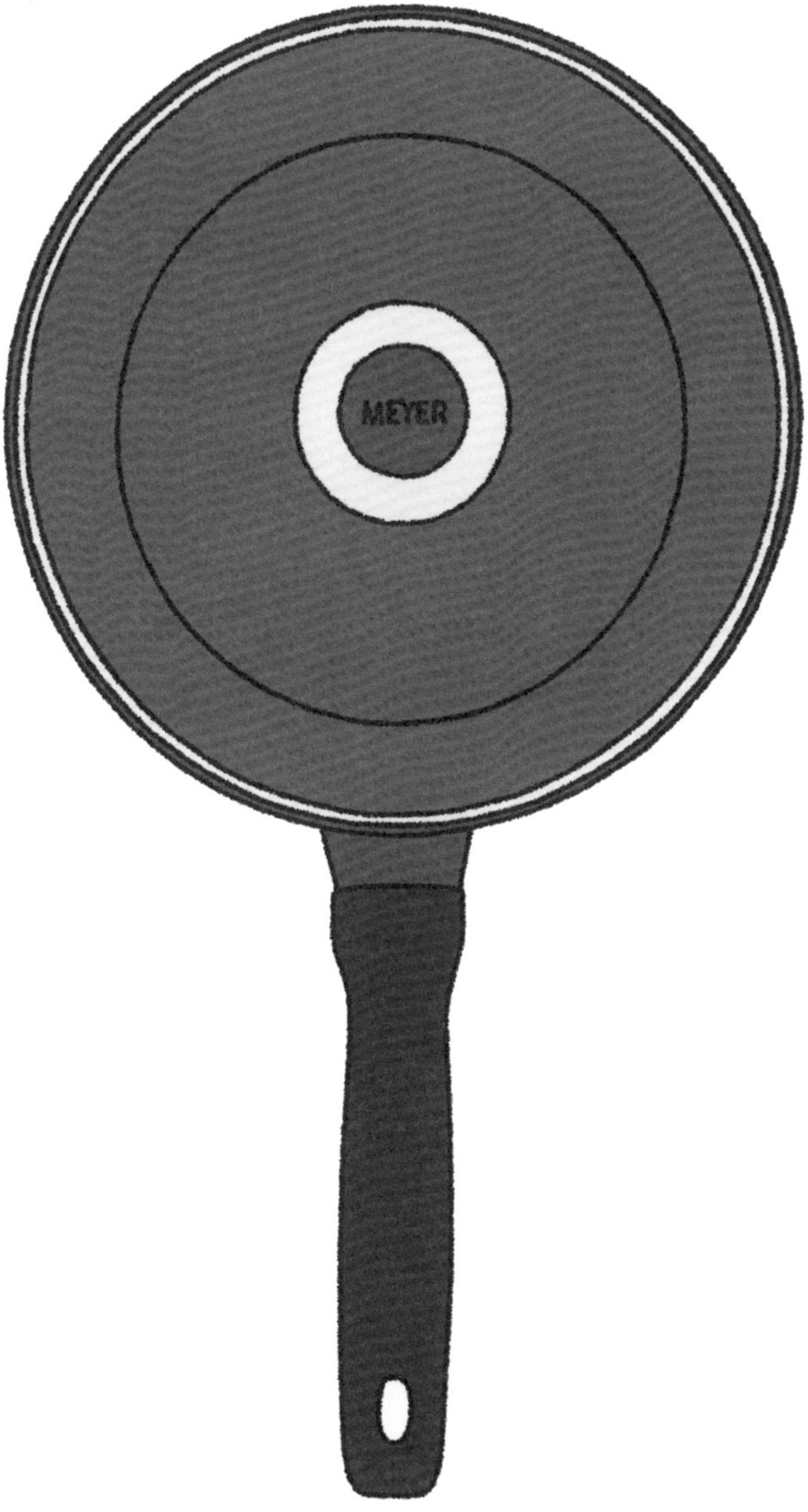
MEYER

大は小を兼ねない。フライパンは20㎝でいい

時代が変わればレシピが変わり、レシピが変われば調理器具も変わります。昭和40年代くらいの料理本を見ていると、レシピの分量は6人前以上が基本です。中には「煮物はたくさん作らないとおいしくなりません」というキャプションとともに、10人前の材料が書いてあるものもありました。大根1本を煮物で使い切るのも当たり前です。

そんなレシピの工程写真は、今の感覚だと家庭料理というよりむしろお店の仕込みか何かに見えます。大きな両手鍋と木の落とし蓋、四角い蒸し器、魚焼き網、といった今の家庭にはあまり無さそうな調理器具も次々と登場します。

当時台所を預かっていたのは主に専業主婦。毎日この物量の買い物をして、魚を三枚におろしたり、当時はまだ骨付きが当たり前だった鶏もも肉の骨を外したりみたいなところから始まって、すべてを一から作っていたわけです。買い物はスーパーではなく、商店街で八百屋さんや魚屋さんを回ります。醤油やみりんは一升瓶がビールの大瓶のケースとともに、酒屋さんから配達されます。

ほんの半世紀少々前のことでしかないのに、なんだか異世界のようです。情景をリアルに想像するのはなかなか難しく、なんとか思い浮かべようとしても、それは概ねサザエさんの絵柄です。ビールを配達してくれるのは三河屋のサブちゃんで

すね。

その後、世の中は徐々に変化していきます。核家族化が進み、少子化が進み、共働きが当たり前となり、非婚化も進行中。レシピも調理器具も当然変わりましたが、それでもまだ今のところ「4人前」のレシピは普通で、鍋も4～6人前相当のものが標準だったりします。

4年前、僕が初めて出したレシピ本はカレーとインド料理の本で、そこではほぼ全てのレシピを2人前、そしてそれを作る鍋は直径18～20㎝のフッ素樹脂加工（テフロン加工）のフライパンとしました。その方が時代に合っていると思いましたし、なによりその量なら、気負わず気軽に作れます。

カレーは大きな鍋でたくさんの量を長時間煮込んで作るもの、というイメージをいったん取っ払いたいというのもありました。南インドカレーはそもそも比較的短時間で作れるものだからです。気軽に作りやすいレシピなら、少しでも余裕があればカレーを一度に2種類、3種類と作ることも容易で、お店みたいな楽しみ方もできます。

カレーに限らず煮物全般において「たくさん作るとおいしい」というのは、半ば迷信的な部分もあります。調味料を正確に計量し、水分を調整し、適切なサイズの鍋を選べば、たくさん作るのと同じ味は再現できます。小型テフロンパンは、そのための鍋として概ねベストな選択なのです。

カレーもそうですが、「さっと炒めてから煮る」というのは煮物の基本パターンでしょう。この場合、そもそも炒める作業に最適化されているフライパンが快適なのは言うまでもありません。

大きな鉄鍋で大量の煮物を作るなら、まず油を熱して鍋肌になじませ、温度が下がらないよう材料をひとつずつ加えていく、という作業には確かに合理性があります。しかし少量であれば、小型のテフロンパンをデジタルスケールにのせ、そこに「炒めるもの」を計量しながら全て入れ、そこからおもむろに火にかける、という作業に置き換えることが可能になります。これがまたすこぶる快適なのです。

小鍋と違ってフライパンなら、口径が小さめのものでもガスコンロの炎がはみ出しにくいので、火力を上げやすいのもメリットです。沸騰までの時間を最小限にできますし、水分をとばして煮詰めたいときもあっという間。ぴったりはまるガラス蓋があれば、蓋をして煮込んでいる最中も中の様子がわかりやすいですし、少量の水分で蒸し煮のようにするときも便利です。

後述しますが、炒める工程でも、混ぜるときも、お皿に移すときも、シリコンべらとの相性は抜群。ぜひセットで揃えてください。お皿に移したら、鍋の柄を持った手は決して離さず、そのまますぐに洗うのが料理上手です。そのときの洗いやすさもまた、小型テフロンパンのメリット。

*ただし、鍋が極めて高温になる炒め物や焼き物の直後は、少し冷ましてから洗ってください。

磯野家の台所は、専業主婦2人がタッグを組んで息の合った連携プレイを行うという、今どきレストランでもなかなか見ない、恵まれた体制が組まれています。

フネさんとサザエさんが各々小型のテフロンパンを操り、デジタルスケールやガラス蓋などの周辺機器を駆使しながら次々と料理を仕上げていく……そのようなシーンも一度くらいは見てみたいものですが、おそらく最終回までそんな様が描かれることはないでしょう。

何にしてもこの小型テフロンパンは、現代のキッチンにおいて最も役立つ調理器具のひとつであることは間違いありません。

ところでサザエさんの最終回って、いつかは来てしまうんでしょうかね。実際に毎週見続けるかどうかは別の話として、できればそんな日は永遠に来てほしくないと思っているのは、きっと僕だけではないことでしょう。

“ワンパン”で完成〈スパイスだしキーマカレー〉

[材料／2人分]

A 豚ひき肉…150g
玉ねぎのみじん切り…½個分
にんにくのすりおろし…小さじ1
しょうがのすりおろし…小さじ1
サラダ油…大さじ1

B カレー粉…大さじ1
ガラムマサラ(あれば)…小さじ1
塩…小さじ½

C かつお節パック…小1袋
醤油…大さじ½
みりん…大さじ½
水…200㎖

青ねぎ、ご飯…各適量

味の決め手となるかつお節は2人分で1パック。わさっとたっぷり入れて。

[作り方]

①Aを全てフライパンに入れ、中火にかけて炒める。
②①のひき肉に火が通ったらBを加え、スパイスの香りが立つまでサッと炒める。
③香りが立ったらCを加え、沸騰後に蓋をして10分煮込む。
④③をご飯とともに器に盛り、小口切りにした青ねぎを散らす。

「炒める→煮る」という黄金パターンこそフライパン

　肉や香味野菜を炒めてから水分を加えてさっと煮る、というパターンは、小型テフロンパンに最も向いた料理のひとつです。スタンダードなインドカレーの多くもこの工程で作れますし、ほかにもチリコンカンやハッシュドビーフ、なんなら肉じゃがだってそう。ある意味ワールドスタンダードな、家庭料理の黄金パターンと言えるのかもしれません。

　今回ご紹介する「ビーフストロガノフ」は元々はロシア料理ですが、こちらのレシピはそこから日本で洋食的に変容したスタイルに近いものになっています。もう少し詳しく言うと、かつてフランス料理のコックさんが作るロシア風西洋料理だったものが、さらにご飯に合うよう進化したクラシック洋食、ということです。

　フライパンひとつで気軽に作れ、煮込むのは短時間。牛肉は安価な切り落とし肉でよく、サワークリームは生クリームとプレーンヨーグルトで代用できるなど、特別な材料は必要ありません。仕上げにはパセリのほか、刻んだディルを散らすとより本格的な味になります。

　実は今回のレシピを作るにあたって、最後まで「トマトケチャップ」にするか「トマトピューレ」にするかを迷いました。結局、だいたいのご家庭にあるのはケチャップの方だろうということと、ご飯との相性を優先して最終的にこのレシピになっています。実際の出来上がりにおける差はわずかと言えばわずかではありますが、機会があればトマトピューレに置き換えて作ってみても、より西洋料理風になって楽しいと思います。

また、トマトケチャップもトマトピューレもいっそ無しにして、生クリームとヨーグルトもサワークリームに置き換えると、これはすっかり「ロシア料理」と言えるものになります。そのとき、牛肉はステーキ肉を棒状にカットして量も増やすとさらに本格的。この場合、仕上げのディルは必須と言ってよいでしょう。こちらは、ご飯ではなくパンとともにどうぞ。

僕が好きなとある（時が止まったような）古い洋食屋さんには、ハンバーグにこの洋食風のビーフストロガノフがソースとしてたっぷりかかった料理があります。ちょっとワンパクと言いますか、中学生男子大喜びといった風情ですが、もちろん大人にとってもワクワクする一皿です。これだったら出来合いのハンバーグでも充分過ぎるほどですし、あっという間にできる割にやたらとご馳走感がありますので、ここぞというときにお試しください。

手軽にクラシック洋食を〈ビーフストロガノフ〉

[材料／2人分]
牛切り落とし肉…150g
マッシュルーム…50g
塩…小さじ1(6g)
A玉ねぎ…½個
　にんにくのみじん切り…1かけ分
　バター…15g
Bトマトケチャップ…50g
　生クリーム(あれば乳脂肪分45%)…100mℓ
　プレーンヨーグルト…大さじ2
ご飯…2膳分
パセリのみじん切り…適宜

牛肉と野菜に火が通ったらトマトケチャップと生クリーム、プレーンヨーグルトを加えてさっと煮るだけ。乳脂肪分の高い生クリームなら、味により深みが出る。

[作り方]
①玉ねぎは繊維に対して直角に包丁をあて、1cm幅に切る。マッシュルームは石づきを取って縦半分に切る。
②Aをフライパンに入れ、中火にかけて炒める。玉ねぎが半透明になったら、牛肉、マッシュルーム、塩を加え、肉に火が通るまで炒める。
③②にBを加え、よく混ぜながら蓋なしで2～3分煮込む。器にご飯とビーフストロガノフを盛り付け、お好みでパセリのみじん切りを散らす。

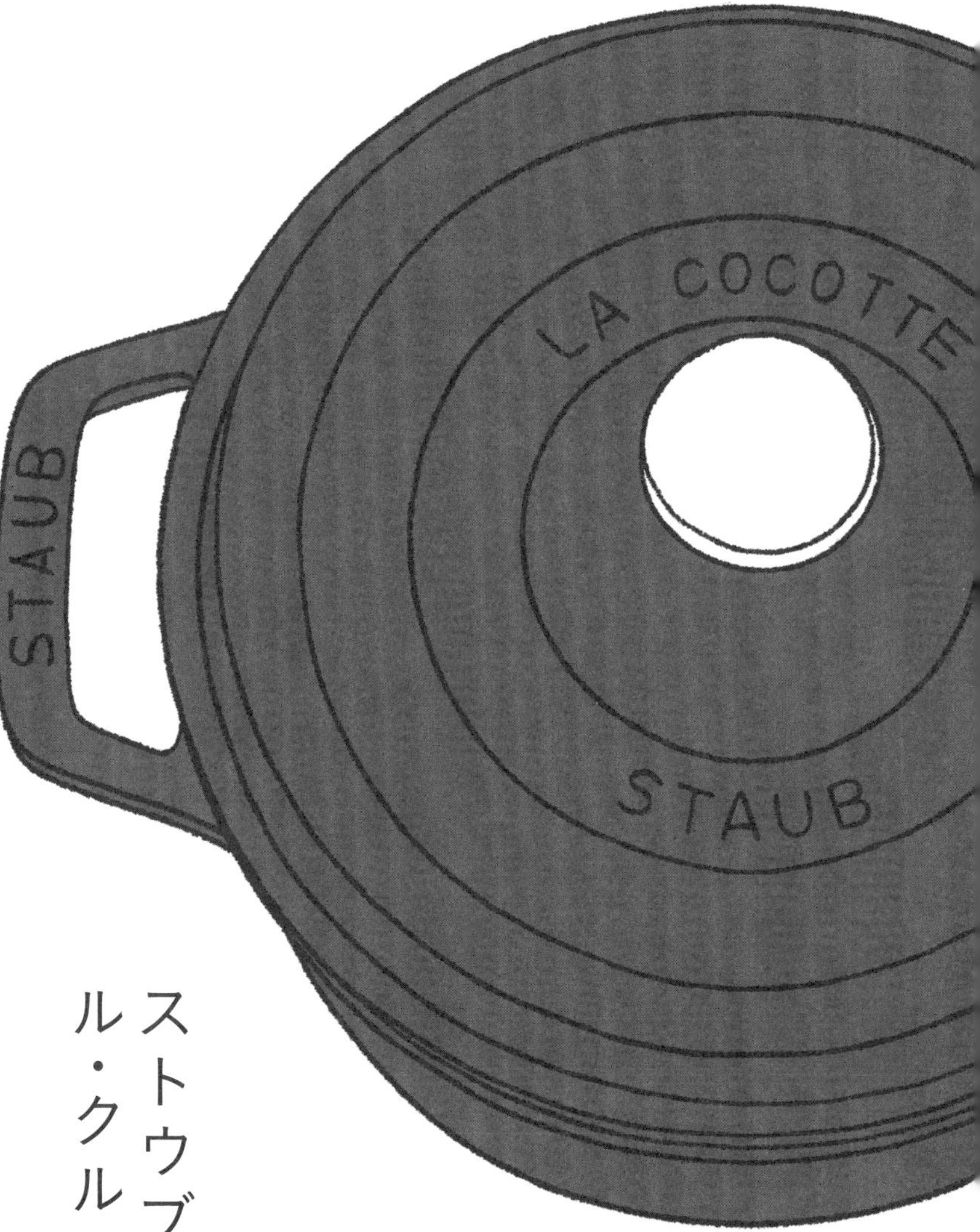

ストウブと
ル・クルーゼ

LE CREUSET
LE CREUSET

ストウブ派？　ル・クルーゼ派？　定番鍋を深掘り

「フランスの家庭では、焼き物だけでなく煮物でも何でもオーブンに突っ込んで作るのだ」

という話をかつて初めて聞いたときは、何を言っているのかわけがわかりませんでした。しかもそれに使うのは「キャセロール」や「ココット」だということで、ますますわけがわからなくなりました。僕が知っているキャセロールは「バットのちょっとおしゃれなやつ」であり、ココットは「よくパンナコッタとかが入っている白くてギザギザのカップ」だったからです。

てことはなんだ、フランス家庭の煮物は全部グラタンになってしまうのか、と一瞬思いました。それはそれでおいしそうですが、どう考えてもそんなはずはありません。

しかしその後、初めてル・クルーゼのキャセロールやストウブのココットの現物を見たとき、僕はようやくそれがどういうことなのかを理解しました。それらはつまり「蓄熱性に優れた厚手の鍋」だったわけです。そしてその可愛らしくもカッコいいデザインは、一発で僕のハートを射貫きました。基本的に「フランスかぶれ」である僕は、即座にそれを生活に取り入れる決意を固めたのです。

さらに少し後、どうもル・クルーゼやストウブは日本全国で老若男女の乙女心をがっしり捉えたようでした。ブームと言っていい状況だったと思います。当時仕事場の近くにもル・クルーゼの直営ショップができて、僕はこれ以上買うつもりもないのに、キュンキュンしながら店内を徘徊したものでした。その一角には、小さくて赤いハート形の、なんだかあんまり調理するには向いていなそうなアイテムも並んでいました。

僕はその唐突なまでにファンシーなテイストに、ある種の違和感を覚え、不穏な気持ちでそこだけは足早に通り過ぎました。通り過ぎた後にやっぱり気になって引き返し、よせばいいのに手にとってしげしげと観察し、結局ちょっと嫌な気分になったりもしました。インディーズ時代から追いかけていたバンドがメジャーデビューして、ドラマのタイアップで甘いラブソングをリリースしたときと同種の、あまり建設的とは言えない感情だったのかもしれません。

ル・クルーゼは、どちらかと言うと女性を中心に家庭で流行ったのではないかと思いますが、ストウブは飲食店にもかなり普及しました。ちょうど「バル」や「ビストロ」がブームの爛熟期に入った流れとも呼応しています。一部の店では、ランチの煮込みハンバーグまでストウブで出てきたりしました。それはどう見てもストウブで調理した形跡は無く、単に食器として活用されているようでした。色鮮やかなままのブロッコリーやパプリカが脇に置かれ、あまつさえ温泉卵までのっているそれに、僕は心中激怒しました。必ず、かの邪智暴虐のファッション・ストウブを除かなければならぬ。

現代では日本の家庭でも「蓋付きの鍋」は当たり前ですが、従来の和食において、蓋はあくまでオプションです。使われる場合でも、密閉性はほとんど重視されません。和食における煮物は、たっぷりの煮汁で煮始め、その水分を徐々にとばしていく、もしくは煮汁たっぷりのまま薄味で仕上げるものだからです。外国ではほとんど見られない「落とし蓋」というテクニックにも、それは如実に表れています。

西洋の「煮込み」は、全く発想が異なります。鍋に入れる水分は最小限、場合によっては素材の水分だけで、それを蒸発させないように加熱していくわけです。その場合の鍋は、厚手で焦げ付きにくく、蓋で密閉されることが重要になります。

ストウブの蓋の裏面には、少ない水分が鍋全体に行き渡るように工夫されたイボイボが付いています。日本の落とし蓋に相当する機能とも言えるかもしれませんね。僕はこのイボイボがことのほか好きで、ときどき「頼もしいなあ」と思いながら、それをうっとりと撫でさすったりしています。ここまでくると変態です。こういった特徴は、確かにオーブンでの調理に最適化されている部分もありますが、同時に、弱火（とろ火）をキープできる前提であればコンロでの調理でも全く問題ありません。日本の家庭では、どちらかというと後者が採用されたのではないでしょうか。

なので今回、ストウブとル・クルーゼを使ってご紹介するレシピでは、あえてコンロ調理を中心としていますが、もちろんそれらはオーブン調理にそのまま転換することも可能です。正直オーブンの方が、火加減も気にせずほったらかしにできるので快適かもしれません。普段の料理であまりオーブンを使わない方も、この機会にぜひチャレンジしてみてください。

ともあれ日本人は、コンロでの使い方を工夫したり、素材の水分のみを活用するという、西洋ではある意味、当たり前の調理法にわざわざ「無水調理」という新しい言葉を付与したりしながら、この異文化の調理器具を積極的に使いこなしていったわけです。本来はロジックが異なるはずの和食の煮物に、工夫して取り入れた人も少なくないでしょう（ちなみにホットクック用としてご紹介した「肉じゃが」レシピも、そのままル・クルーゼやストウブに転用できます／P100参照）。

赤いハートの謎キャラセロールも、盛り付け用ストウブも、もしかしたらそんな積極的なアプローチの一環と見るべきだったのかもしれません。反省です。ここまで人々を駆り立てたのは、機能面もさることながら、同時にやはり乙女心のキュンキュンだったのではないかと僕は考えています。力強くも洗練されたデザインの鍋で熱々できたての料理が食卓に登場する、あの風景にときめかない人はいないでしょう。

そして、それらを日常に取り入れる上で最大級の要因になったのは「炊飯」だと思います。炊飯というのは和食の体系の中で珍しく「蓋による密閉」が肝要な調理。鍋が厚手であることも重要です。これはある種の偶然でもありますが、特にル・クルーゼで炊くご飯は素晴らしくおいしく、しかも簡単です。少なくともこの使い方に関しては、流行も、キュンキュンすらも関係なく、どこかで未来永劫受け継がれていくのではないかと思います。

ここでは、炊飯の応用とも言える「ビリヤニ」のレシピをご紹介します。簡易版ではない、ほぼ「ガチ」のレシピですので、一見難しそうに見えるかもしれませんが、やってみると実は意外と簡単です。永久保存版としてどうぞ！

“ガチレシピ”の香り高さ〈チキン カッチビリヤニ〉

［材料／2人分］ ★ル・クルーゼは口径18cmを使用

A鶏もも肉…200g（皮を取り、ひと口大に切る）
プレーンヨーグルト…40g
にんにくのみじん切り…1かけ分
しょうがのすりおろし…1かけ分
ししとう…2本（小口切り）
コリアンダー、クミン、カイエンペッパー、ターメリック…各1g
ガラムマサラ…4g
塩…2g

バスマティライス…150g
水…1000mℓ
塩…15g
玉ねぎ…60g（1/4個分。薄切り）
サラダ油…15g
パクチー…4g（粗く刻む）
ミントの葉…2g（粗く刻む）
バター（無塩）…30g

★ターメリック水…ターメリックひとつまみを15mℓの水で溶く

玉ねぎを炒めたあとの鍋に、まずはマリネした鶏肉、その上に具材を重ね入れていく。

バターは数ヵ所に置く。

ターメリック水はスプーンなどで散らす。

［作り方］

①Aを全てボウルに入れ、鶏肉をマリネする（冷蔵庫で20分～1晩おく）。
②バスマティライスをたっぷりの水（分量外）で20分浸水させてから、ざるにあげる。
③鍋にサラダ油をひき、中火で玉ねぎを色づくまで炒めたら取り出す。
④③の鍋（油は残したまま）に①の鶏肉を汁ごと敷き詰め、その上に③の玉ねぎ、パクチー、ミントをのせる。
⑤別の鍋に分量の水と塩を入れてわかし、②のバスマティライスを中～強火で（常にお湯が沸騰している状態で）6分茹でる。ざるにあげて湯を切り、④にのせる。
⑥ターメリック水とバターを散らして蓋をする。しっかり蒸気が上がるまで中火にかけたら、弱火にして15分ほど炊く。火を止めて、そのまま15分蒸らす。
⑦全体をさっくり混ぜて盛り付ける。お好みで粗く刻んだパクチーとミント（ともに分量外）を散らす。プレーンヨーグルト（分量外）をかけるのもおすすめ。

機能性＋デザイン性。ル・クルーゼでカスレを

「カスレ」という料理はフランスにおける肉じゃがのようなものかもしれません。家庭料理の中の家庭料理で、代々受け継がれ、素朴ながらしみじみとおいしい日常食。

僕はかつて某所でフレンチビストロを立ち上げたとき、こんなにおいしいのに日本ではイマイチ知名度の低いこの料理を、お店の看板メニューのひとつにしようと目論みました。そのときのカスレは白いんげん豆とともに自家製のソーセージやコンフィを煮込んだ、ちょっと贅沢なカスレです。

結果から言うと、この目論見は失敗に終わりました。耳なじみのない料理を注文してもらうというのはそもそも難しいものですが、やはりこれはあくまで素朴な家庭料理だということもあったと思います。せっかく普段よりちょっと贅沢したくてお店に来るわけですから、もっといかにもご馳走らしいものを食べたいのが人情ですよね。

というわけで、カスレはやっぱりお家で作って食べよう、というのが今回の提案です。カスレは地域ごと、家庭ごとにさまざまなバリエーションがあります。このレシピはなるべく手近な材料で作りやすく、またトマトを味のベースにした日本人好みの仕立てです。

一般的には塩蔵肉を使うところを、手軽な生ベーコンで代用しています。ベーコンもウインナーもできればノンスモークのものを使うと、本来の

カスレの味に近づきます。ノンスモークタイプは、成城石井など、輸入食材を扱うお店にあると思うので探してみてください。

白いんげん豆も水煮缶を使ってお手軽に。缶汁にも旨みがあるので、捨てずに汁ごと使いましょう。ハーブは生のタイムとローズマリーを両方入れると風味がよくなりますが、なければどちらかだけでも。

このカスレが気に入ったら、より本格的な方向にアレンジしていくのも楽しいはず。トマトを減らしてより渋い方向に持っていったり、豚肉を数日塩漬けにした「プティ・サレ」をじっくり煮込んで作ったり、そして最終段階としては、豆を乾物から水で戻して煮込むことになるでしょう。

豆の缶詰も煮汁ごと使えば充分おいしいのですが、乾物で作ると、もはや肉類は入っても入らなくてもいいと思えるほどしみじみとおいしいものです。豆を煮るのには時間がかかりますが、このときもル・クルーゼは大活躍するはず。水分を逃さずじっくりコトコト煮ることで、ほったらかしでも豆はふっくらおいしく仕上がります。

白いんげん豆を味わう〈カスレ〉

[材料／2〜4人分] ★ル・クルーゼは口径18cmを使用

生ブロックベーコン(できれば燻製なしのもの)…160g

ソーセージ(できれば燻製なしのもの)…160g

A 玉ねぎ…120g(½個)
　にんじん…30g(⅕本)
　セロリ…30g(⅓本)
　にんにく…1かけ
　バター…15g

トマト水煮缶(カットタイプ)…400g(1缶)

白いんげん豆水煮缶…400g(1缶)

B タイム(生)…4本
　ローズマリー(生)…½本
　ローリエ…2枚

パン粉…カップ½

バター…少々

塩…小さじ½(3g)

こしょう…小さじ½(1g)

トマトと白いんげん豆、香味野菜を煮て水分をとばしたら、ベーコン、ソーセージ、生のハーブ類を加えて再び加熱。豆に旨みをたっぷり吸わせて。

パン粉をたっぷりとふりかけて、焼き色がつくまでオーブンで焼く。カリッと香ばしいパン粉が食感のアクセントに。

[作り方]

①ベーコンは食べやすく切る。Aの玉ねぎ、にんじん、セロリは7㎜角程度に切り、にんにくはみじん切りにする。オーブンを200℃に予熱しておく。

②Aを鍋に入れて火にかけ、バターが溶けて全体に回ったら、蓋をしてとろ火で10分ほど蒸し煮にする。

③②にトマト、白いんげん豆を缶汁ごと加え、塩、こしょうをふる。蓋はせず水分をとばすように10分ほど中〜弱火で煮る。

④ベーコン、ソーセージ、Bをのせて、蓋をして200℃のオーブンで10〜15分加熱する。

⑤④の表面にパン粉をふりかけ、バターをちぎって散らし、さらにオーブンで表面に焼き色がつくまで焼く。

鍋ごと食卓へドン！ ストウブでおうちビストロ

先だっての「フランスの家庭では煮物も焼き物も全部オーブン」という話の続きなんですが、最近ではガスコンロ自体をほとんど使わない、という話も聞きます。オーブン以外は卓上電気フライヤーだけで、それはほぼフリット、つまりフライドポテト専用なんだとか。サラダくらいは用意して、ハムやパテを切って、オーブンに突っ込むだけのメインにポテトを添える、みたいな感じでしょうか。どう考えてもそれで充分ですし、もちろんさらにシンプルなパターンもあるのでしょう。

美食の国のイメージがあるフランスでも家庭ではそんなもの、というのは心強いですね。最近では「日本人は日々の食事作りを頑張りすぎ」なんてこともよく話題になりますが、今後は日本でも（オーブンが主役になるかどうかは別として）こういう方向、つまり手抜きのように見えて実は洗練に向かっている、みたいなことが起こるんじゃないかなと思っています。そんな中でこの本も何かの役に立てるといいな、なんていうふうに考えているわけです。

さて今回は、ストウブを使って最小の工数で作るご馳走らしいご馳走を提案します。密閉度の高い鍋をあたかもオーブンのように使って肉を蒸し焼きにする料理を「ポットロースト」と言います。ほぼほったらかしでふっくらジューシーに焼き上がるのがその魅力。シンプルな料理ですが、こういうとき、お肉を2種類にするとそれだけでご馳走感が高まります。今回は鶏もも肉と豚肩ロースを使いましたが、鶏肉だけだとしても、ももとむね、もしくは手羽元など2種類以上組み合わせるだけでも、食べる楽しさはグッと高まります。

特別にソースなどを作らなくても、肉自体がおいしいですし、焼き汁を吸い込みながらこんがり焼けたあめ色の玉ねぎこそが最上のソースでもあります。あとはマスタードでも添えれば完璧です。こういうときに添えるマスタードは、もちろん粒マスタードでもいいのですが、粒の入らないディジョンマスタードのようなものがよりおすすめ。フランス気分がさらに高まりますよ。ホットドッグに使うような黄色いボトルのアメリカンマスタードでも充分です。

2種の肉の旨み〈豚と鶏のポットロースト〉

[材料／2～4人分] ★ストウブは口径20cmを使用

A 豚肩ロースかたまり肉…200g
　鶏もも肉…小1枚(200g)
　にんにく…2かけ
　タイム(生)…4～6本
　ローズマリー(生)…2本
　塩…小さじ1(6g)
　こしょう…小さじ½(1g)
玉ねぎ…1個～(お好みで)
レモン、サラダ油…各適宜

肉はハーブとともにマリネして、フレッシュなハーブの香りをしっかりと移す。

肉の下には玉ねぎをたっぷり敷き、肉の旨みとハーブの風味を吸わせて。

[作り方]

①豚肉は2㎝厚さ程度に切り、鶏肉は半分に切る。玉ねぎは7㎜幅程度のくし形に切る。にんにくは3㎜厚さの薄切りにし、ローズマリーは葉をちぎる。
②Aをボウルに入れて軽く混ぜてなじませ、マリネする(冷蔵庫で1時間～2日ほどおく)。
③②から肉だけを取り出し、鍋に入れて表面に焼き色がつくまで中火で焼く(鶏肉は皮目を下にして入れる。鍋肌にくっつくようなら油少々を加えても)。焼き色がついたらいったん取り出す。
④③の鍋に玉ねぎを敷き、肉を戻し入れる。マリネで使ったにんにくやハーブものせ、蓋をして弱火で30分加熱する。器に盛り、お好みでレモンを添える。

低圧力鍋

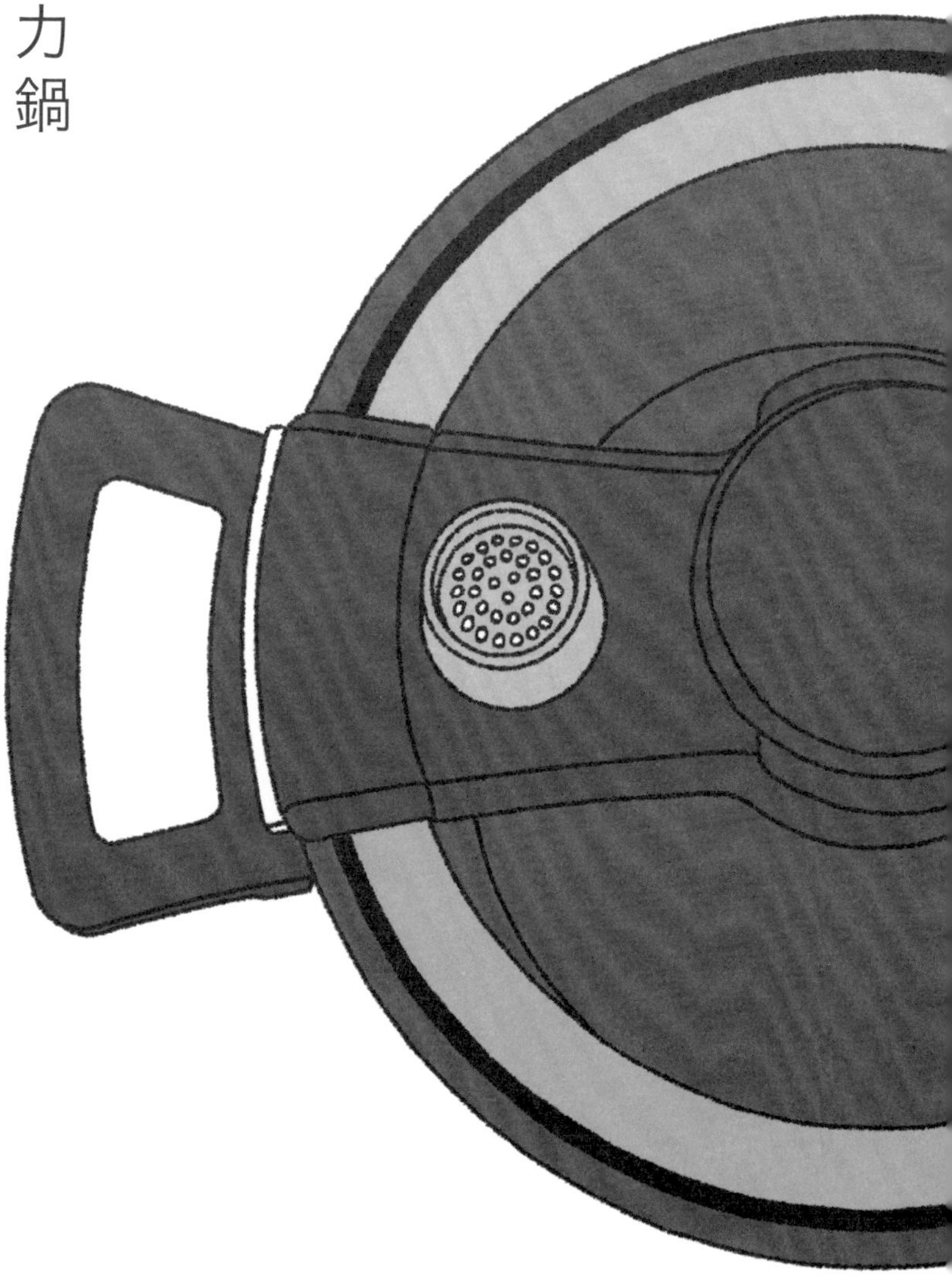

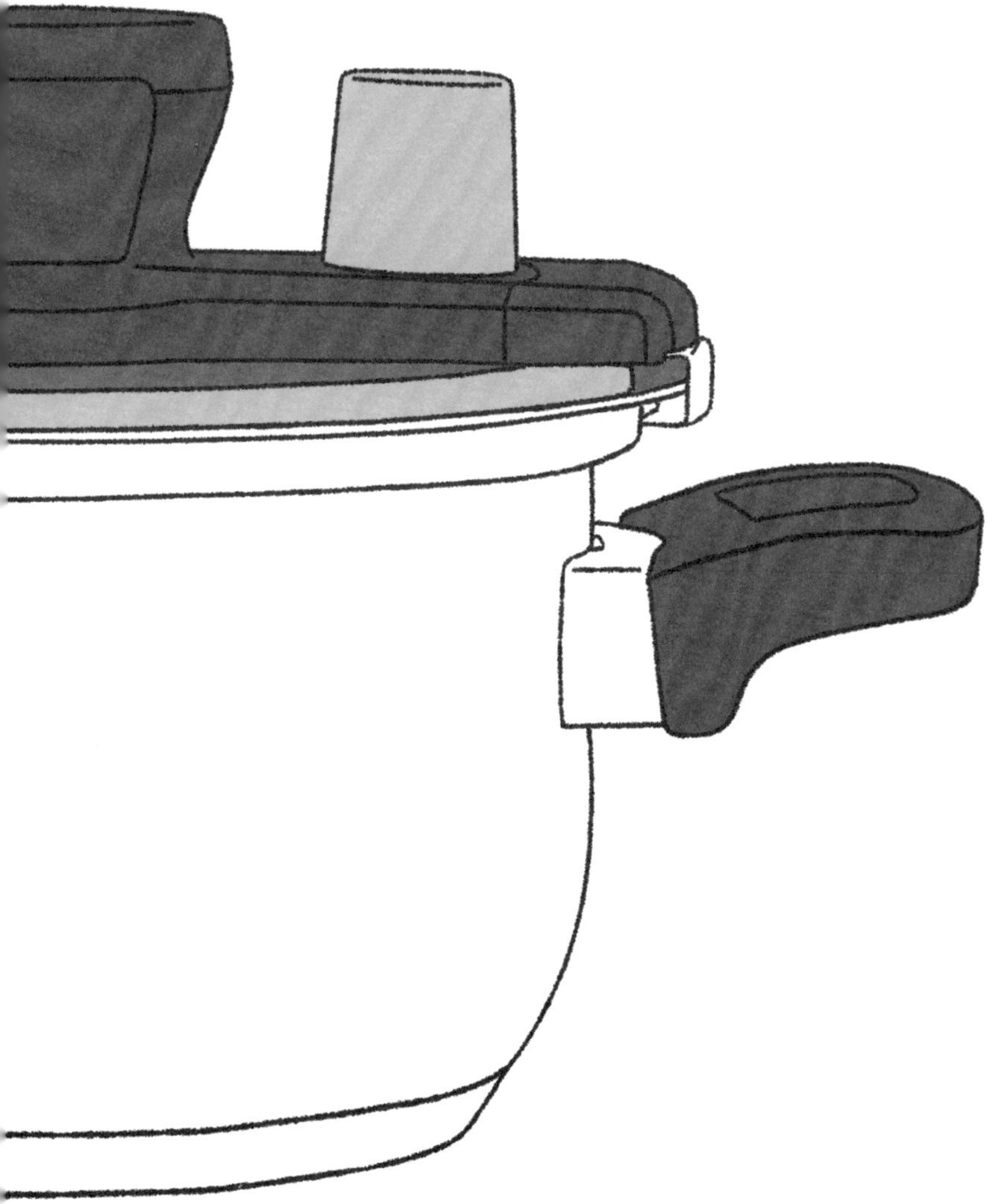

ちょっと時短。中が見える。蓋が開けられる。この中途半端さを愛せるか

「低圧力鍋」、耳慣れない道具だと思います。どういうものかというと、圧力鍋のようだけど通常の圧力鍋ほど高圧にならない鍋です。「要るのかそれ?」と思われる方が大半かもしれませんが、どうかしばしお付き合いください。最後まで読んだらかなりの確率でほしくなると思います。

その前にまず「圧力鍋」についておさらいです。

圧力鍋は、皆さまご存じの通り、煮込み時間を大幅に短縮できる鍋です。では、なぜ短縮できるかご存じですか? 水の沸騰温度は通常100℃ですが、気圧が低いほどそれは低くなります。山などの高地でご飯がおいしく炊けないのは、沸騰温度が100℃よりだいぶ低くなってしまうからです。ちなみに最近、タワマン高層階でも米がおいしく炊けないというウワサを聞いたことがありますが本当か嘘かはわかりませんが。

話が逸れたので戻します。逆に、気圧が高いと沸騰温度は100℃を超えるということになります。圧力鍋はこの原理の応用です。高温で食材を煮込むことになるので、早く柔らかくなるのです。具体的に言うと、一般的な圧力鍋は気圧100キロパスカルなら、調理温度は約120℃。例えば肉が柔らかくなるまで煮込むのに、普通の鍋(0キロパスカル/100℃)だと60分かかるとして、理論上、圧力鍋ならその4分の1、15分くらいで済みます。文明って素晴らしいですね。

では「低圧力鍋」はどうでしょう。

今回お試ししたマイヤーの「クイッカークッキング」の気圧は2キロパスカルだそうで、あくまで僕の使用感ですが、調理時間は普通の鍋の半分くらいになります。普通の鍋60分、低圧力鍋30分、圧力鍋15分、といったところです。中途半端？　確かにその通りです。しかし実は、低圧力鍋には、圧力鍋には欠けている圧倒的な使いやすさもあるのです。具体的に見ていきましょう。

低圧力鍋最大のメリット、それはいつでも蓋が開けられることです。何でもないようなことですが、これは実に重要。普通の圧力鍋の場合、蓋を開けようと思っても、すぐには開けられません。しばらく時間をおく（圧力と温度を下げる）必要があります。

しかし低圧力鍋の場合はなんと、普通の鍋の蓋を開け閉めするのと同じように、ワンタッチで蓋をいつでも開け閉めできるのです。加熱が終了したらすぐ盛り付けに移れるだけでなく、調理途中でいつでも蓋を開けて食材の硬さを確認することもできます。蓋をすれば圧力はまた戻ります。さらに低圧力鍋の多くは蓋がガラスです。つまり蓋を開けずとも、常に中の様子が視認できるのです。煮詰まりすぎていないか、煮崩れていないか、一目瞭然。圧力鍋は文字通り「蓋を開けてみないと」中がどうなっているのか全くわかりません。あれ、使い慣れててもちょっと不安ですよね。

このことが何を意味するかというと、低圧力鍋は完全に普通の鍋と使い方が同じということなんです。言い換えれば普段使いの鍋。圧力鍋は、普段しまい込まれていて、使うときだけ「よっこらせ」と収納場所から出してくる調理器具ですが、低圧力鍋は極端な話、常にコンロの上にのっているレギュラー鍋として運用可能。特に圧力が必要なくても、青菜をゆでたりお味噌汁を作ったり、日常的な用途にも使いやすい形状です。しかもデザインがシュッとしているので、鍋ごと食卓に出せる系の鍋でもあります。

先ほど書いたように、圧力鍋なら15分で済む煮込み時間が、低圧力鍋だと30分（場合によってはもう少し）かかります。しかしこれは「15分少々しか差がない」とも言い換えられます。圧力鍋の場合、「よっこらせ」と出してくる時間や、加熱が終了したあと減圧のためにしばらく放置する時間もかかりますので、実質的な差はもう少し縮まります。ほら！　ほしくなってきたでしょう⁉

ただし、低圧力鍋さえあれば圧力鍋は不要かと言われると、そんなことはないとも思います。牛すね肉、頬肉、すじ、豚足など、圧力鍋でも30分以上かかるような素材の調理を1時間以上かけて低圧力鍋でやろうとは僕は思いません。そのときは圧力鍋を「よっこらせ」と出してくるでしょう。

また、低圧力鍋に関しては「圧力鍋みたいに怖くない」という声も聞かれますが、これは圧力鍋の名誉のためにいったん否定しておきます。「高温の蒸気が噴き出す」「もし破裂したら」みたいなのがその怖さの要因なのはわかりますが、最新型の圧力鍋は充分すぎるほど安全です。正しく使っていれば怖がる必要はありません。

つまり低圧力鍋は、圧力鍋の代用ではなく、普段使いの鍋のアップデート版なのです。あなたが普段カレーや肉じゃがや豚汁を作っているレギュラー鍋をこちらに買い替える、というのが正しいお迎えの仕方です。むしろお迎えしない理由がありません。

ホロリとほどけるいもの食感。低圧力鍋だからできるシチュー

今回ご紹介するのは、「アイリッシュシチュー」。これぞシチューの原点！　とでも言うべき、ヨーロッパスタイルのシンプルなシチューです。使う具材は豚肩ロースのブロック肉、じゃがいも、玉ねぎだけ。水とローリエ、塩、こしょうを加えて煮込むだけですが、驚くほど深い味わいになります。材料だけ見ると「本当にこれだけでおいしくなるの？」と不安になるかもしれません。ついつい顆粒コンソメなどを足したくなる方も多いのではないでしょうか。でもそれは不要です。素材の味だけでしっかりおいしくなるので、ぜひこのままで作ってみてください。

この料理のポイントはじゃがいもです。じゃがいもと言うと、スープやだしの旨みを「吸い込む」だけの食材、というイメージがあるかもしれませんが、実はじゃがいもからも実に滋味深いだしが出るのです。そうなるための極意は、じゃがいもをお肉と同じ時間をかけてじっくり煮込むこと。煮崩れやすいため、通常は煮込みの途中で加えることが多いじゃがいもですが、ここでは最初から入れます。煮崩れすぎないようにコトコト煮込むことが重要です。そしてこういう調理こそ、低圧力鍋が重宝です。肉じゃがやカレーにも応用できます。

このようにいいこと尽くめの低圧力鍋ですが、問題は価格です。同サイズの普通の鍋はもちろん、普及品クラスの圧力鍋よりさらに高価です。しかしこの本には「金で解決する」という裏テーマがあるので、個人的には手放しでおすすめさせていただきます。特にタワマン高層階にお住まいの富裕層の皆さまは絶対に買うべきです。知らんけど。

飲み尽くしたい滋味〈シンプルアイリッシュシチュー〉

[材料／2〜4人分]
豚肩ロースかたまり肉…200g
玉ねぎ…200g
じゃがいも（メークイン）…200g
A ローリエ…2枚
塩…小さじ1（6g）
水…600mℓ
黒こしょう…適宜

肉は火を通すと縮み、じゃがいもや玉ねぎは柔らかくなるので、大きめに切って鍋に。食べごたえも十分。

[作り方]
①豚肉、玉ねぎ、じゃがいもは全て大きめに切る。鍋に豚肉、玉ねぎ、じゃがいもの順に重ね入れ、Aを加える。
②蓋はせずに強火にかけ、沸騰したらあくをすくう。蓋をして弱火で30分ほど煮込む。
③煮汁が足りないようなら水を足しながら煮込み、水分が半分程度蒸発して、肉が完全に柔らかくなったら完成（鍋の中の重量が最終的に900gになればベスト）。器に盛り、お好みで黒こしょうをふっても。
★最終重量で仕上がりを判断するためには、調理前に蓋付きの空の鍋の重量を量っておくことがポイント

野菜をおいしくたくさん食べたいなら「クタクタ蒸し煮」

シャキシャキ食感の野菜はおいしいものですが、クタクタになるまで火を入れた野菜には、シャキシャキにはない良さがあります。イギリスやイタリアを筆頭に欧州ではクタクタ派が多いようですが、野菜そのものの旨みをしっかり味わうには、確かにクタクタの方が適しているケースは少なくないのではないでしょうか。ちなみにインドも圧倒的にクタクタ派です。

低圧力鍋で野菜をクタクタになるまで蒸し煮にすると、驚くほど甘みと旨みがぐっと前に出てきます。僕が特におすすめしたいのがブロッコリー。グルタミン酸が多く、昆布並みにおいしいだしが出るのです。特に茎がおいしいので、かたい皮だけむいて一緒に調理してください。このクタクタ煮で使う調味料は、塩とオリーブオイルのみ。ブロッコリーの重量に対して10%のオイルと1%の塩、そして蒸発する分の水を加えるだけ。ブロッコリーってこんなにおいしかったんだ！　という驚きをぜひ味わってください。

クタクタの欠点としては、色が悪くなりがちなこと。緑の野菜は特にその鮮やかさが失われやすく、料理の見た目にもこだわりたい日本人には、ちょっと耐え難いところでもあります。

しかし。皆さま何か気付きませんか？　次ページの料理写真のブロッコリー、全く色が悪くなっていないでしょう？　これは別にフェイクではありません。こう見えて、食べると歯が要らないほど柔らかくなっています。パスタと合わせるとまるで緑のクリームソースです。

これが低圧力鍋の密かな利点のひとつです。最小限の水分で短時間でも柔らかくなるので、こういうふうに仕上げやすいんです。まあ色が悪くてもおいしいものはやっぱりおいしいんですが、これはちょっと得した気分になります。

パスタソースにも〈ブロッコリーのクタクタ煮〉

[材料／作りやすい分量]
ブロッコリー…1株(つぼみ部分＋皮をむいた茎を合わせて約200g)
塩…小さじ1/3(2g)(ブロッコリーの重量の1%)
オリーブオイル…20g(ブロッコリーの重量の10%)
水…50mℓ

実はブロッコリーの茎は旨みがたっぷり。ぜひ捨てずに一緒に味わって。

[作り方]
①ブロッコリーの緑のつぼみ部分は1房ずつに切り分け、茎はかたい皮をむいて5㎜程度の輪切りにする。
②材料全てを鍋に入れ、蓋をして中火にかける。蒸気が上がり始めたら弱火にし、そのまま15分蒸し煮にする。ブロッコリーが完全に柔らかくなったら完成。お好みで少し崩すとよい。

クタクタ煮を展開するなら

お好みのパスタで〈ブロッコリーのスパゲッティ〉

[作り方／1人分]たっぷりの湯に多めの塩を入れてパスタをゆでる。湯切りをしたパスタに〈ブロッコリーのクタクタ煮〉を加えて混ぜ合わせる。器に盛り、おいしい粉チーズをたっぷりふる。
★乾麺80gに対し、〈ブロッコリーのクタクタ煮〉は100gくらいが適量

土鍋

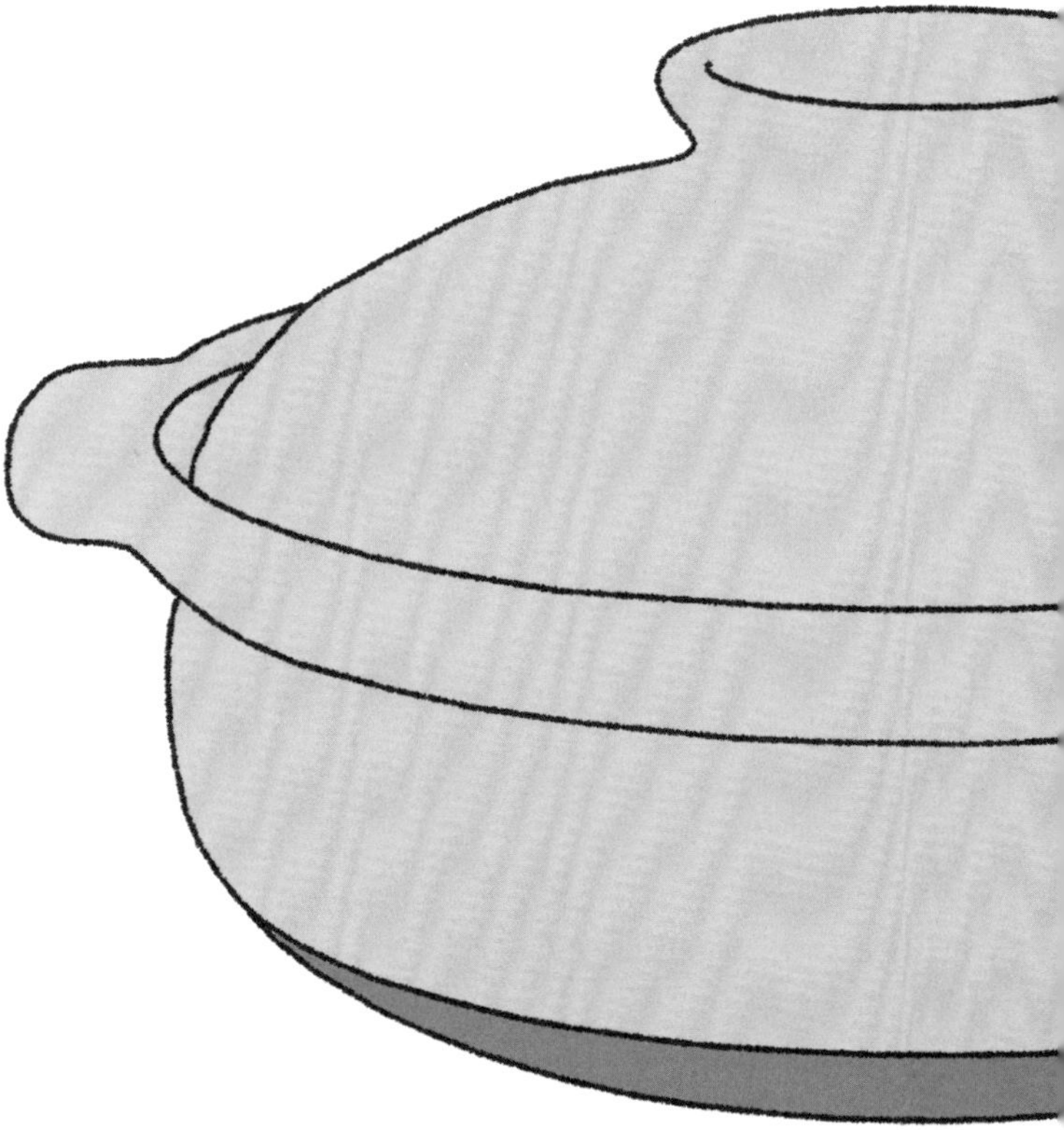

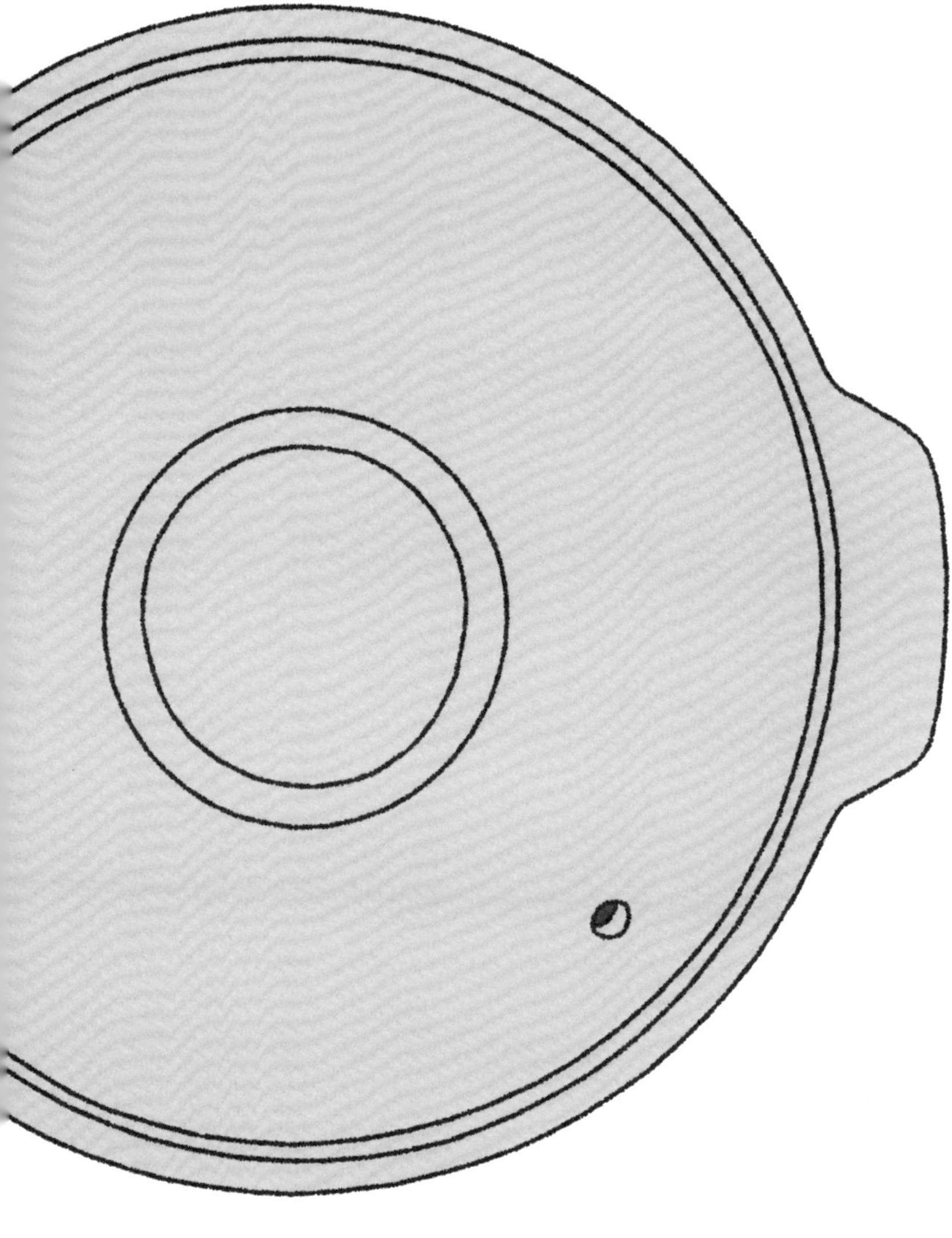

普通の土鍋の再発見

いつの間にかすっかり土鍋を使わなくなっていました。ウチのそれは、キッチンの収納棚の奥に、箱に入ったまま何年も眠りっぱなしです。どうしてこうなった？　と考えると、そこにはふたつの複合的な理由がありました。

ひとつめの理由は、土鍋はほぼ冬場の鍋料理専用だったからです。では今、冬場に鍋をやらなくなったのか？　いや、そんなことはありません。むしろ近年は冬に限らず、年がら年中鍋をやっています。なのになぜ土鍋の出番がなくなったのか。それは卓上のコンロが、カセットコンロから卓上ＩＨに取って代わったから。これがふたつめの理由です。わが家の食卓にはＩＨコンロがほぼ出しっぱなしとなっており、そこには土鍋ではなくマイヤーの低圧力鍋が常に置かれています。ＩＨに対応していないわが家の土鍋は、すっかり出番を失ってしまったのです。

こういう人は結構いるのではないでしょうか。そしてここまで完全には土鍋を引退させていなくても、結局のところ、冬場に鍋物をやるときにしか使わない人が大多数なのではないでしょうか。

しかしある日、僕は数年ぶりに収納棚の奥から土鍋を引っ張り出しました。久しぶりにカセットコンロで鍋をやろうと考えたわけではありません。お粥を炊こうと思ったからです。

お粥を炊くのにどうしても土鍋でなければいけない理由はありません。別に普通の鍋でもお粥はできます。とろとろとごく弱火で長時間煮るので、ル・クルーゼの洒落た鍋なんてぴったりかもしれません。低圧力鍋なら時間も短縮できそうだし、ホットクックで楽をする手もありました。でもなんとなく、そういうことではないような気がしたのです。

お粥だったら土鍋でしょう。

ときどき妙なところで妙なこだわりを発動させてしまう僕は、その日、そんなほぼ「気分」だけの理由で、土鍋を引っ張り出してきたというわけです。

その日僕が作ろうとしたのは、「心平粥」でした。心平粥をご存じでしょうか。これは詩人の草野心平氏が生前愛したお粥です。オリジナルのレシピをそのままご紹介するとこんな感じです。

米をおちょこ1杯、ごま油をおちょこ1杯、水をおちょこ15杯、これを火にかけてとろとろと2時間煮込み、塩少々で味付けする。

これが心平粥です。どうでしょう、この静謐《せいひつ》にして美しいレシピは。これをル・クルーゼで作ります？　ホットクックに任せます？　もちろんそれでもおいしく美しくできるでしょう。しかし、何かが違う。だから僕は、これを土鍋で炊きました。理想的な心平粥が炊き上がり、僕はそれを静謐な心持ちでいただき、大満足でした。

さて僕は、せっかく奥から土鍋を引っ張り出してきたので（またしまい直すのも面倒で）、しばらくこれを使い続けてみることにしました。鍋物用ではなく、あくまでひとつの調理器具としてです。

お粥の次は、米を炊くのに使いました。ふっくらおいしく炊けました。米というのは日本人にとって魂の食べ物ですが、世の中の人々のほとんどが、米は炊飯器でしか炊いたことがないのではないでしょうか。炊飯器は進化を極めた優秀な調理家電ですから、それはそれで何の問題もありません。しかしやはり日本人であれば、機械に頼らず米を炊く術は身につけておいた方がよいような気がします。

どんな鍋でもお米をおいしく炊くこと自体は可能です。5分かけて沸騰させて、最弱火で10分炊いてから火を止めて蒸らす、というのが僕の基本的なやり方ですが、これは土鍋が一番失敗なく簡単だと思います。

炊き込みご飯も炊きました。おいしく炊けるだけでなく、ビジュアルがいいですね。土鍋ごと卓上に置けば、そこはもう割烹です。最近は炊飯専用の土鍋もありますが、別にそういうものではないありふれた土鍋でも、ご飯は普通に（普通以上に）炊けます。

煮物用の鍋としても使いました。冷凍庫のストック肉や冷蔵庫の中途半端な野菜を適当に突っ込んで水を張ったら、後はとろ火にかけて放置しておくだけの「ポトフ」です。これは簡単この上ないだけでなく、鍋ごと食卓に出せばおいそれとは冷めないという、土鍋ならではの保温性の高さが嬉しい料理です。

お粥も再度作りました。心平粥は地味すぎて家族のウケがイマイチだったので、手羽先とさつまいもも加えて、これまた弱火でとろとろと煮込みました。もちろん煮込んでいる間はほぼ放置です。

というわけで、土鍋を使う鍋物以外の料理をご紹介していきたいと思います。土鍋はカセットコンロの上にのみ置かれるべきではありません。今こそ、多くの家に当たり前のようにあるであろう「普通の土鍋」の魅力を再発見していこうではありませんか。

まずは、とろとろのお米がごま油のコクと風味を抱き込む心平粥の滋味あふれるおいしさをモチーフに、そこにさらに具材を加えて、少し華やかに仕上げました。ダイエットにもピッタリですが、残念ながら食べた後すぐにまたお腹がすきます。僕は餃子や肉まんなどの点心がメインのとき、よくこのタイプのお粥をスープがわりのサイドディッシュにします。

心平粥からの〈手羽先とさつまいものお粥〉

[材料／2人分] ★土鍋は7号を使用（口径約22㎝、容量約1.5ℓ）

米…75g（½合）

A 手羽先…200g（4本）
　さつまいも…150g
　しょうがの薄切り…2枚
　塩…小さじ1（6g）
　水…750㎖

ごま油…大さじ2（24g）

ポン酢…適宜

米1に対して水は10。火にかける前はこのような状態。なお、米はとがなくてOK。

[作り方]

①さつまいもはよく洗い、皮付きのままひと口大の乱切りにする。

②土鍋に米とAを入れて中火にかける。木べらなどでときどき大きく混ぜながら、煮立ってきたらあくをすくう。

③あくが出なくなったらごま油を加え、蓋をして弱火〜ごく弱火で30分ほど煮込む（途中でもしふいたら蓋を少しずらす）。

④柔らかく炊けたら器に盛り、お好みでポン酢を添える。

土鍋を一年中使いこなそう計画①ご飯を炊く

そもそも土鍋は、土で作られているため金属製の鍋と比較すると熱伝導率が低いという性質を持っています。つまり食材がゆっくりと加熱されるうえ、その熱を長時間逃がさず、余熱でじんわり火を通すという特性があるのです。特にでんぷんが多く含まれる米との相性は抜群。土鍋調理の場合、でんぷんが糖に分解される温度帯(40~60℃)を時間をかけて通過するため、甘みが増しておいしくなります。

鍋でご飯を炊く、というとつい身構えてしまうかもしれませんが、それは決して難しいことではありません。特に炊飯専用の鍋でなくとも、普通のステンレスの鍋でも小さなミルクパンでも、何なら冷凍鍋焼きうどんのアルミ鍋でも炊けます。しかしこれらに比べると、やはり土鍋が一番簡単に失敗なく炊けます。

鍋炊きにおけるポイントは、まず水加減。そして水を入れたときに土鍋の総容量の6~7割くらいの状態になるように。炊き上がると体積が増えるので、これ以上の量で炊くと吹きこぼれやすくなります。

水加減さえちゃんと量れば、①中火でゆっくり沸騰させる、②沸騰したら弱火で沸騰状態を維持する、ただこれだけのことです。後は放置して蒸らすだけ。鍋が薄いとこのときの火加減調整がシビアになり、また蒸らすときに冷めるスピードが速すぎてふっくら蒸らせない可能性があります。火のあたりが柔らかく、かつ保温性が高い土鍋であれば、火加減は案外適当でもよく、確実にふっくらと蒸らせるということになるのです。

そうやって炊いた白ご飯ももちろんおいしいのですが、こちらでご紹介するのは炊き込みご飯。炊き込みご飯に豚肉を使うことは普段はあまり無いかもしれませんが、実は意外と品よくおいしいものです。油脂の多い炊き込みご飯は炊飯器だとうまく炊けないことがあるので、土鍋で作ることにアドバンテージもあります。

僕は炊き立てもさることながら、冷めたおむすびがことのほか好きです。もちろん冷めたらすぐに冷凍して好きなときに温め直して食べるのもいいのですが、残った炊き込みご飯をなるべく小さめのおむすびにして、テーブルに置きっぱなしにしておくのがまたいいんです。

いつの間にか家族の誰かがつまんで減っている。自分も夜更けに何となくヒョイとつまむ。この瞬間の炊き込みご飯が一番おいしいような気もします。冷凍庫に入れるのは寝る直前でもいいでしょう。もっとも、それまでに一個でも残っていたら、ですけどね！

ごちそう炊き込みご飯〈じゅーしー〉

[材料／4人分]　★土鍋は7号を使用（口径約22cm、容量約1.5ℓ）
米…300g（2合）
昆布…8g（10cm長さを2枚）
水…400mℓ
豚ばらかたまり肉…150g
にんじん…1/3本（60g）
A 醤油、みりん…各大さじ2（36g）
　塩…小さじ1/3（2g）

昆布だしに浸水させた米に、豚肉とにんじんをのせて炊くだけ。炊き上がりは量が増えることを考慮して、米と具材は鍋の総容量の6〜7割くらいに。

蒸気が逃げるのを防ぐため、アルミホイルや菜箸などで蓋の穴を塞ぐとよい。

[作り方]
① 米は普通にとぎ、ざるにあげて水けをきってから土鍋に入れる。昆布と分量の水を加えて20分浸水させる。
② 豚ばら肉は1cm角の棒状に切り、にんじんも3cm長さ、1cm角の棒状に切る。
③ ①から昆布を取り出し、Aを加えて混ぜる。豚肉を米の中に埋め、昆布を戻してにんじんを散らし、蓋をして中火にかける。
④ ③が沸騰したら火を弱め、弱火からとろ火で10分炊く。
⑤ 炊き上がったら10分蒸らして昆布を取り出す。昆布の半量を細切りにして鍋に戻し、全体をさっくり混ぜる。

沖縄ではコンビニでも売られているほど、ポピュラーなじゅーしーのおにぎり。ひと口大にしてラップに包むくらいのラフさ加減がむしろおすすめ。

土鍋を一年中使いこなそう計画②肉を煮る

かたまり肉を水からほったらかしでコトコト煮込むのは、ヨーロッパの家庭料理の基本中の基本です。コツはただひとつ、決してグラグラ煮立たせず静かに煮込み続けること。それによって肉はふっくらと煮え、雑味のないクリアなスープが取れるのです。日本ならではの土鍋がそんな西欧的な調理にもぴったり、というのはちょっと面白いですよね。

フランス生まれの「ポトフ」も実はそんな料理の典型で、（意外かもしれませんが）もともとは野菜すら入れず、硬い牛肉のかたまりだけを水でひたすら煮た料理だったそうです。それと同じ系譜の料理が、イタリアでは「ボッリート」ということになり、こちらはいろいろな肉や部位をミックス（ミスト）するのが一般的。いろいろ食べられて楽しいだけでなく、材料の組み合わせ次第でいくらでも気軽に安く作れる、とても合理的な料理だと思います。言うなれば、イタリア風「肉おでん」ですね。

さすが肉食民族という趣の料理ですが、だしを使わず肉を水から煮ればよいし、切らずにかたまりのまま入れるだけなので、実はおでんよりずっとお気楽な料理です。牛肉も安価な輸入肉でOK。充分おいしくなります。肉に合わせる野菜は玉ねぎだけ。ほかの野菜も入れたくなりますが、そうするとどんどんポトフに近づいていきます。

この料理はいさぎよく、肉とスープを楽しみましょう。

今回添えた「モスタルダ」とは、果物や野菜のシロップ煮をマスタードと合わせたイタリアの保存食。ここではりんごジャムとマスタードを混ぜた簡易版モスタルダをご紹介します。甘酸っぱい風味がボッリートミストとよく合います。

おでんもそうですが、陰の主役は煮汁のスープ。ボッリートミストのスープは、牛、豚、鶏という複数の肉の旨みが醸し出すとても深くてクリアな味わいです。ぜひ肉とスープは別に盛り、それぞれのおいしさを味わってみてください。こんな素敵なコンソメスープには、なかなかお目にかかれるものではありませんよ！

陰の主役はスープ〈ボッリートミスト〉

[材料／2人分] ★土鍋は7号を使用（口径約22㎝、容量約1.5ℓ）

A 豚ばらかたまり肉（または豚肩ロースかたまり肉）…150g
牛かたまり肉（ステーキ用など）…100g
手羽元…4本
玉ねぎ…100g（中サイズ、縦½個）
ローリエ…2枚
パセリの茎…1本分
タイム…2～3本
★ローリエは必須。セロリの葉、ローズマリーなどでもよい
水…500mℓ
塩…小さじ1弱（5g）

パセリのみじん切り…適量
オリーブオイル、塩、こしょう…各適宜

[簡易モスタルダ]
りんごジャム（プレザーブタイプ）とマスタードを同量ずつ混ぜる。

肉も玉ねぎもかたまりのまま入れてOK。ローリエやタイムなど風味づけのハーブを入れることでよりおいしさが引き立ちます。

煮あがった状態。肉類の旨みがたっぷり溶け出したスープはぜひ肉とは別に盛り付けて。

[作り方]

①豚肉、牛肉、玉ねぎはかたまりのまま土鍋に入れる。Aのほかの材料も全て加え、蓋をして中火にかける。沸騰したら蓋を取って弱火にし、あくをすくいながら10分ほど煮る。

②あくが出なくなったら(水分が減っているようなら、ひたひたまで水を足す)、蓋をしてごく弱火で30〜50分煮る。

③肉が柔らかくなったら取り出し、玉ねぎは半分に、豚肉と牛肉は1〜2㎝厚さに切って器に盛る。モスタルダを添え、パセリのみじん切りを散らして、好みでオリーブオイル、塩、こしょうをふる。スープは別の器に注ぎ、パセリのみじん切りを散らす。

ノーベル料理賞をあげたい「ピピッとコンロは文明の利器」

20年以上使い続けてきたコンロを、2年ほど前に買い替えました。実のところ、特に必要に迫られて、というわけでもありません。

ガスコンロはかなり長く使い続けられる機材です。わが家の古いガスコンロもまだまだ使えそうでしたが、そのときは何となく買い替えたくなったのです。掃除は定期的にしていたものの、さすがにどうやっても落ちない汚れで薄汚れてきてもいましたし、気分転換も兼ねて、たまにはそのくらいの贅沢もいいだろうと思ったわけです。

強いて言うならば「フラットトップ」であることは、ちょっとした魅力でした。古いコンロは火口の周りを取り囲む汁受けがついており、その上に重いゴトクがのっていました。これは実は一般的な飲食店のコンロと同じ構造です。

僕もお店であれば、営業終わりに毎日それを取り外して洗ったり磨いたりします。しかし家ではそうマメにもしていられません。必然的にそこには油やススが少しずつ溜まります。そのまま使うと鍋の裏も汚れます。ときどき気合を入れて掃除します。鍋も磨きます。なかなか億劫です。

その点フラットトップのコンロは、掃除もしやすく、とても快適です。基本的には、使うたびにさっと拭くだけ。何より見た目がモダーンで素敵です。僕は仕事柄、港区あたりのおしゃれなキッチンスタジオを使わせてもらうことも度々あります。その広くて綺麗なキッチンを見るたびに、ウチもこんなだったらいいのになあ、と羨望のため息を吐くのが常なのですが、とりあえずウチもコンロ周りだけはそれに近いものになりました。まずは満足です。

しかし、この最新式のコンロの真骨頂は、そんなものではありませんでした。そのコンロは、いわゆる「ピピッとコンロ」です。今から新しくコンロを買おうとしたら、ほぼ全てがこのタイプということになるのではないでしょうか。

「ピピッとコンロ」というのは、実は特定のメーカーの製品名というわけではなく、東京ガスの登録商標。火力や調理時間の自動調節などの便利な機能や安全装置を内蔵した、進化型のビルトインコンロのことです。国内ではリンナイ・パロマ・ノーリツの3メーカーが、東京ガスの統一規格で、それぞれに特徴のある製品を製造していました（★）。

そういった便利機能を使用するとき、「設定温度に達しましたよ」「時間ですよ」みたいなお知らせとして「ピピッ」と電子音が鳴るのが、この名称の由来です。機能はメーカーや機種ごとに少しずつ違いますが、ここではほぼ全てのものに共通の基本的な機能に関して、僕が実際に使ってどう便利だったのかを書いていこうと思います。

ちなみにわが家の機種は、リンナイ製のスタンダードモデルです。使い方に関しては一部特殊な（マニアックな）ものも含まれますが、皆さまはご自分の料理スタイルに合わせて、参考になる部分だけお読みいただければと思います。

✔湯わかし機能で毎日快適

お湯をわかすときにボタンを押しておけば、沸騰したらピピッと鳴って、自動的に火が消えます。なんでもないような機能ですが、これはたぶん毎日使う便利機能です。

これ以降の話にも共通するのですが、僕は基本的に「何かしながら」料理をすることが多いです。仕事をしながら、本を読みながら、SNSをしながら、etc.……そんなとき、そっちに集中していてもちゃんと気付かせてくれるこの機能は実にありがたい。当然吹きこぼれも防げますしね。忙しい人や多趣味な人には特におすすめの機能です。

✔湯わかし機能でだしを取る

ちょっとした裏技です。昆布や煮干し、あるいはだしパックでだしを取るときは、低温からゆっくりわかすとおいしいだしになります。特に昆布は、グラグラ沸騰させることを極力避ける必要があります。

僕はそんなとき、鍋を火にかけ、火力を最弱にして湯わかしボタンを押します。水の量にもよりますが、だいたい30分くらいでピピッと鳴ります。もちろん急いでいるときは、少しだけ火を強めれば時間自体は短縮できます。いずれにせよ、センサーが沸騰を感知するのはグラグラにわくより少し手前なので、まさにだし取りには最適なのです。

昆布と水を入れた鍋を火にかけて、ピピッと鳴ったら昆布を取り出し、今度は中火にかけて、数秒でグラッとわいたらかつお節を投入。これで毎日楽々、料理屋さんみたいなだしが楽しめます。

✔タイマー機能が地味に便利

タイマーがピピッと鳴って火が消える、という単純な機能ですが、複数の料理を同時進行するときなど、何気に便利です。普通、タイマーは家に1個しかないことが多いですし、コンロから一歩も動かずにその場で操作できますしね。

かつてタイマーを落として壊してしまったとき、しばらくはこれだけで凌いでいたこともあります。まあ結局、タイマーはタイマーでまた新しいのを買ったんですけどね。

✔魚焼きグリルも安心して使える

これはどちらかというと便利機能というより安全機能の話です。コンロ内蔵の魚焼きグリルは日本が誇る「簡易オーブン」ですが、焼いている間、中の様子が見えないという欠点もあります。焼き魚をついうっかり真っ黒に焦がしてしまった経験がある人も少なくないでしょう。

ピピッとコンロの魚焼きグリルは、庫内の温度が上昇しすぎると安全装置が働き、ピーッと鳴って火が消えます。その場合、全く焦げていないわけではないのですが、焦げすぎて食べられないほどにはまずなりません。むしろ攻め気味の焼き加減が香ばしくておいしかったりもするくらいです。魚焼きグリルは魚だけでなく、肉、野菜、パンなど、案外いろいろな使い方が可能です。せっかくなので、安心してフル活用したいところです。

✔天ぷらがプロ並みに

僕は常日頃、「揚げ物こそ家庭で」と主張しているのですが、ピピッとコンロの温度調節機能を使えば、揚げ物に苦手意識のある人でもバッチリおいしく揚げられるはず。

一般的な揚げ物なら180℃に設定して、ピピッと鳴ったら火が弱まるので、そこで食材を油に入れるだけです。するといったん油の温度が下がるので、火はボワッと強くなります。実に頼もしい瞬間です。

火はその後も勝手に強くなったり弱くなったりして設定温度前後をキープしてくれるので、誰でも確実にカラッとした、しかも焦げることなくちゃんと中まで火の通った揚げ物が作れるはず。天ぷら、から揚げ、フライ、春巻き、何でも来いです。

✔温度調節機能は揚げ物のためだけではない!?

フライパンを使って焼く調理の際も、実は温度調節機能がたいへん役に立ちます。簡単にその原理を説明しておくと、「焼く」という調理においては、150℃くらいからメイラード反応が盛んになり、こんがりおいしそうな焼き目が付き始めます。しかし200℃を超えると、それが急激に進行しすぎて、おいしそうな焼き目ではなく単なる焦げになる可能性が高まります。

なので、ホットケーキなどの糖分の多い焦げやすいものは160℃、ベーコンエッグやステーキなら180℃、という感じで設定すると、おいしくて見た目も綺麗な焼き物ができるのです。チキンソテーやハンバーグなど中までしっかり火が通りにくいものも、160℃設定で確実に、なおかつ香ばしく加熱できます。

✔温度調節機能マニアック編

どこに需要があるかわかりませんが、マニア向けにさらっと、応用編的な使い方をご紹介しておきます。

ホールスパイスのテンパリングは、180℃設定で。テンパリングは170℃以上で効果を発揮しますが220℃を超えるとやりすぎになる可能性が極めて高くなります。180℃設定でうまくいかなかったら、200℃設定までは上げても大丈夫。

アメ色玉ねぎは、150～160℃設定が便利です。完全放置というわけにはいきませんが、時折混ぜる程度でよくなります。上位機種だともう少し幅の広い設定があるようですので、その場合は（時間がかかりますが）それよりやや低い設定にするとより均一な本格的な仕上がりになるはずです。

フライドオニオン、焦がしねぎ油、ラー油、あるいは鶏油やラードなど、最終的にたっぷりの油の中でじっくり色付くまで加熱していくものは、弱火にかけて設定温度180℃で完璧です。

最後に（超マニアックで）、惜しい話。100℃以上150℃未満、つまり沸騰温度は超えるけど焼き色は付きにくい温度が設定できるとより便利だと思うのですが、残念ながらわが家のコンロにはその機能がありません。調べたところ、この温度帯が設定できる機種もあるようです。例えばビリヤニなんて、120℃設定ができれば失敗なく完璧に炊き上がるのですが……。これから購入を検討されるマニアの方はチラッと心にお留め置きください。

そんなわけでピピッとコンロは、料理のクオリティが向上し、うっかりな失敗も防げる、まさに文明の利器。もしもノーベル料理賞ができたら、ぜひ東京ガスさんに差し上げてほしいところです。


（★）いまや一般名称化している「ピピッとコンロ」。その名称がつく商品は2003～2017年に製造されていたもの。現在は各メーカーがさらに新しい機能を追加したコンロを発売している。

2

スペースを奪い合う調理家電たち

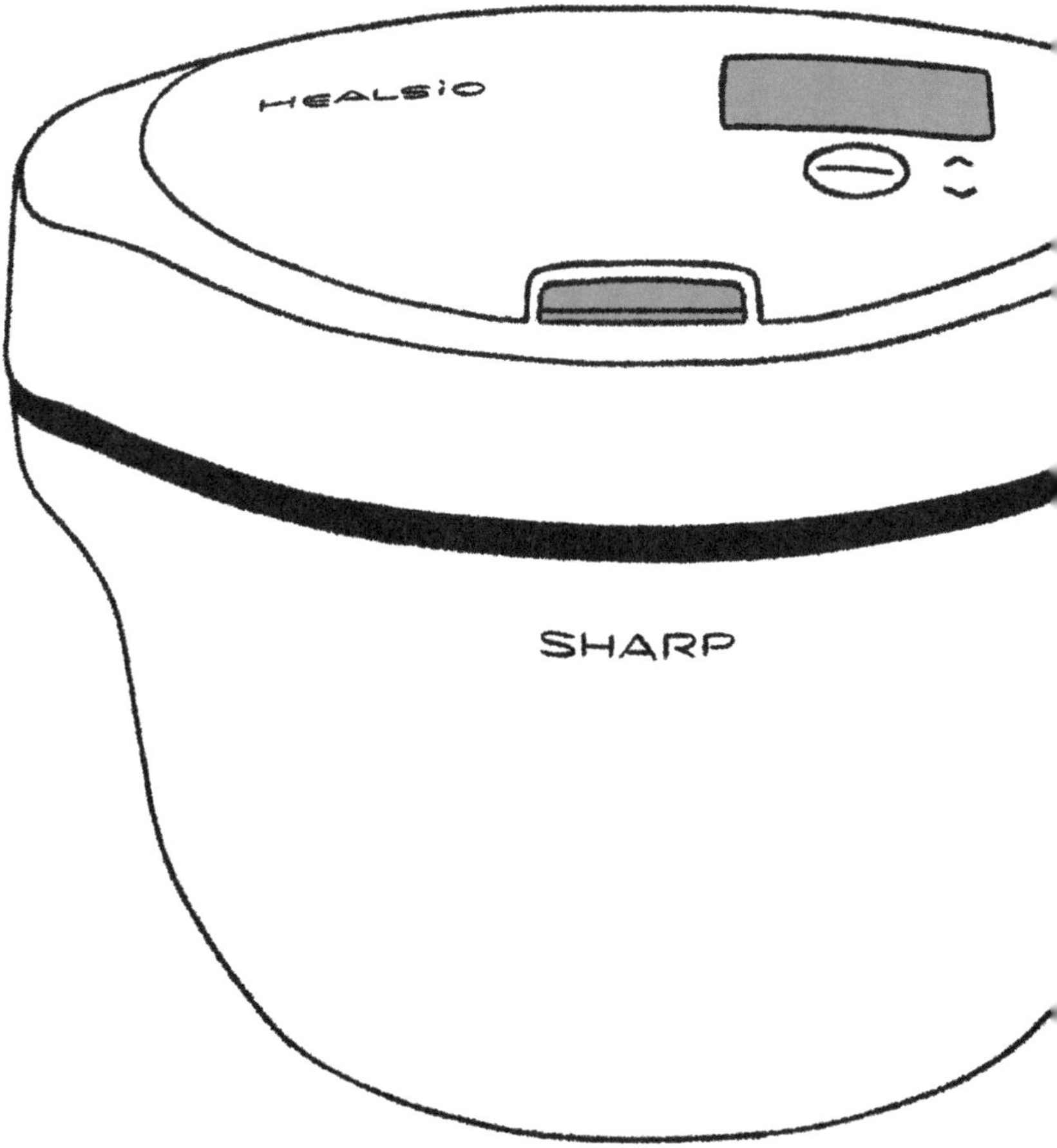

自動調理鍋

「ほったらかしOK」な自動調理鍋といえばホットクック

水なし自動調理鍋「ヘルシオ ホットクック」は、材料を切って調味料とともに鍋に入れ、メニューを選んでスタートスイッチを押すだけで、あとは放っておけば料理が完成する調理家電。メニューによって、多少の下ごしらえが必要だったり、途中で材料を追加投入するものもありますが、それはあくまで一部で、基本的には「完全にほったらかし」です。

本体内蔵のものだけでも150種ほどのメニューがあるうえ、新しいメニューをダウンロードすることもできます。ある程度使い方がわかったら、手動で調理の設定もできるので、レパートリーは無限と言ってもいいでしょう。

メニューには煮物だけでなく炒め物などもありますが、これはあくまで「炒め物風の煮物」と考えた方がよさそうです。また、パスタやオムレツなど意外なものもありますが、こちらも作れるものはかなり限定的。まずはあくまで「煮物用の鍋」であり、それ以外の使い方もちょっとは可能、くらいに捉えておいた方がよいかもしれません。逆に言えば、煮物（スープやシチューなども含む）だったら和洋中を問わず、そしてあっさりもコッテリも、とにかく何でも作れると言っても過言ではありません。

それにプラスして、低温調理に関しても圧倒的な使いやすさがあります（レシピ提案のところで説明します）。

「放っておくだけで完成する」という触れ込みの調理家電はほかにもいろいろありますが、ホットクックならではのパーツとして「まぜ技ユニット」と名付けられた回転羽根があります。調理の途中で、時に優しく、時に激しく回転し、全体を混ぜてくれるというわけです。これにより、例えば調味料はあらかじめ混ぜたりすることなくそのまま投入することが可能ですし、おそらくこれの働きで、調理中の火の通り方がより満遍なく、そして味もしみやすくなっていると思われます。また、煮魚などの形が崩れやすい食材ではこの機能は使いません。

この機能をフルに使うと炒め物「風」の調理ができるということになります。またメニューにはポタージュなどもあり、煮た野菜をある程度ペースト状にすることもできます。ただし、ミキサーほど完全になめらかになるわけではありません。基本的にはあくまで「煮物をおいしく仕上げるための補助パーツ」と考えた方がよいでしょう。

２０２３年に別売りアクセサリーとしてリリースされたへら状の回転羽根「もっとクック」を使うと、例えば「玉ねぎをアメ色になるまで炒める」「くず餅など粘性の高いものをなめらかに練り上げる」など、やれることの幅がグッと広がります。

本来、煮物には大きく分けて2種類あります。最初から最後までたっぷりの水分の中で煮込むものと、調理過程で徐々に煮詰めて最終的に水分をほぼとばすものです。ホットクックはもちろん両方に対応していますが、後者のものに関しては徐々に煮詰めていくのではなく、最初から水分は加えず食材と調味料の水分だけで調理が進行します。これが〝無水調理〟です。

普通の鍋でも場合によっては無水調理は可能ですが、無水調理にせよ、水分を煮詰めていくにせよ、それは常に焦げつく危険と隣り合わせ。また、それを恐れすぎて煮詰め方が足りず、仕上がりが水っぽくなってしまう場合がありますが、ホットクックではその心配がありません。和食の煮物は特に最終的に水分をとばすものが多いので、ホットクックの超得意分野ということになります。

また、たっぷりの水分で煮込んでいくパターンでも、普通の鍋なら水分が必要以上に蒸発して味が濃くなりすぎたり煮崩れが起こったりすることがありますが、ホットクックではその心配も無用です。

なのでいずれにせよ、「レシピ通りの材料を入れればレシピ通りの味になる」、その再現性において極めて優れていると言えます。慣れてきたらレシピの味付けを自分好みに調整することもあると思いますが、その仕上がりも当然、常に安定することになります。これは強い！

どういう人に向いているかというと、ズバリ、「日常的に料理はしているけれど、それをもっと楽に、そして安定した仕上がりにしたい人」に最適です。もちろん、お料理初心者に優しいのもホットクックならでは。

正直なところ、日常的に料理をしている人の方が、ホットクックの全機能をフル活用できると思います。付属レシピをそのまま楽しむもよしですが、料理慣れしている方ならそれをより自分好みにアレンジすることもそう難しくないはず。メニューの中には例えば「さんまの骨まで柔らか煮」など、工程としては単純だけど、うまく調理するのは上級者でも難しいものもあります。道具の力で自分の実力を超えた料理が失敗なしにできるのも魅力です。

ちなみに、ホットクックに「できないこと」として、煮込む前に高温で素材を炒めたり焼き付けたりすることが難しい、という点がありますが、それも普段料理する感覚で最初にフライパンで下処理するなどのアレンジが可能です。そのひと手間をかけたとしても、その後の工程が圧倒的に楽なのは言うまでもありません。

では逆に、普段料理をしない人、特にお料理初心者の人にはどうでしょう？　最初にあえて少し厳しめな言い方をすると、ホットクックはお料理初心者にも扱えるけれど、それに頼り始めたらその時点で料理スキルの向上はストップします。これはホットクックに限らず、あらゆる自動調理家電が本質的に抱えるジレンマかもしれません。

もちろん大前提として、「ホットクックがお料理初心者にも優しい」というのは間違いありません。なにしろ、指定された材料を放り込むだけでプロみたいな味付けの料理が完成するわけですから！

では何が問題なのか。調理は蓋を閉めた状態で進行しますので、中で何が行われているかは完全にブラックボックスです。材料投入の次に蓋を開けたときには既に完璧に仕上がっているわけですね。つまり、例えば親が料理しているのを横で見ながら自然と料理を学ぶ、みたいなことは不可能なのです。ホットクックは扱えても、普通に鍋で料理するスキルはこの先上がらない、ということになります。

これはなかなか難しい問題ですが、考え方としては、ホットクックはこれからのスタンダードな調理家電であり、焼き物や炒め物以外は一生これに頼って生きていくぞ、と腹を括るのもアリかもしれません。実際ホットクックはそれが可能な完成度に達しています。メニューのデータは今後も無限に増えていくでしょうし、機能もモデルチェンジするごとにさらに進化する可能性もあります。

いずれにせよ、お料理上級者であっても初心者であっても、自力調理とホットクック任せをうまく使い分けていくことが、当たり前かもしれませんが大事だと思います。ホットクックのレパートリーの中にも、実際は普通の鍋で作るのも簡単で、むしろその方が手っ取り早いものもあります。

その前提であれば、これは「一家に一台」と言っても過言ではない、これからのスタンダードな調理家電となり得るものだと思います。

ホットクックでまず作るべきメニューは和の煮物

先述しましたが、和食の煮物の作り方は、大きく分けて2種類あります。ひとつはおでんのように、たっぷりの煮汁で材料を煮含める方法。もうひとつは、肉じゃがや筑前煮、里芋の煮っころがしなど、少ない煮汁で素材を柔らかく煮て味をしみ込ませるという作り方です。少ない汁で煮るというのは実はとても難しくて、料理スキルが身に付いていないと、食材に味がしみない、あるいは煮崩れてしまうなどなかなか上手に仕上がりません。

その点、無水調理が可能なホットクックは、食材が持っている水分と調味料だけで味をしみ込ませ、柔らかく煮ることが可能です。材料の旨みも引き出せて、煮物が驚くほど上手に仕上がります。ここではホットクックでまず作ってほしい煮物メニューとして、「新しい肉じゃが」をご紹介します。ローリエのさわやかな風味と黒こしょうがアクセントの、どこかヨーロッパの田舎料理なんかを思わせる仕上がりになりました。

ヨーロッパの香り〈新しい肉じゃが〉

[材料／4人分]
じゃがいも(メークイン)…450g(3個)
牛ばら薄切り肉…200g
玉ねぎ…400g(2個)
にんじん…100g(½本)
A 薄口醬油、酒、みりん…各大さじ3
　ローリエ…1枚
粗びき黒こしょう…少々

牛肉の旨みが野菜に行きわたるよう、野菜と肉は交互に重ねて。内蓋についている突起物が、調理中に材料を混ぜてくれる「まぜ技ユニット」。

無水調理でも、野菜と牛肉からの水分で煮汁ひたひたの柔らかな仕上がりに。ワインやバゲットにも合う新しい味わい。

[作り方]
①じゃがいもは皮をむいて4～6つに切る。玉ねぎは横半分に切ってから、1.5㎝幅程度のくし形切り、にんじんは乱切りにする。
②「まぜ技ユニット」を本体にセットし、内鍋に野菜の半量を入れる。牛肉の半量を広げ、またその上に残りの野菜を入れ、さらに残りの牛肉をほぐし入れてAも加える。
③②を本体にセットして、ホットクックのメニューから「肉じゃがメニュー」を選んでスタートボタンを押す。出来上がったら、器に盛り、黒こしょうをふる。

実は専門の道具よりお手軽。ホットクックの低温調理

肉類の低温調理は、ジップロックやアイラップを使って肉を密封して、「お湯ポチャ」する方法が料理好きの間ではすっかり定着しています。これは正確には「真空低温調理」と言います。肉の旨みの流出を最小限にするための画期的な手法なのですが、今回はもっと素朴な低温調理の一品として「ゆで鶏」をご紹介します。

鶏むね肉のような脂肪分がほとんどなく、調理の仕方によっては硬くなりがちな素材こそ、ホットクックの低温調理機能の本領発揮。低い温度でじっくり火を通すことで、脂肪分が少ない肉でも柔らかく仕上がります。出来上がりのしっとり感は、鶏むね肉でしか味わえない感動モノのおいしさ。好みの厚さに切って、今回紹介するねぎだれなどを添えて食べてみてください。

またもうひとつ、僕がホットクックの低温調理機能で便利だと思ったのが、内鍋に肉と水を直接入れて調理できる点です。多くの低温調理専用器は、保存袋に材料を入れてお湯ポチャ（湯煎）する調理法が一般的。じかに加熱できる家庭用の低温調理器はあまり見かけません。なぜ保存袋に入れず加熱することが大きなメリットになるかというと、ゆで汁は絶品のチキンスープになるからです。

ゆで汁を使うときのポイントとしては、低温調理した時点では加熱温度が70℃くらいまでしか上

がっていないので、一度しっかり沸騰させること。わかすとあくが出るので、すくっておきましょう。こうしてできたチキンスープは、さっぱりときれいな味。お好みによって、ほんの少しだけ顆粒スープなどを足してもよいと思います。

これは本当にお気軽で、家庭料理に取り入れやすい手法です。例えば豚肉を使えば、安全性が担保されたレアチャーシューと澄んだ清湯《チンタン》スープが同時に完成し、今どき風の「無化調ラーメン」がおうちで簡単に作れます。そのとき、だしパックも一緒に放り込んでおけば、さらにお店っぽい仕上がりに。

そうやって考えると、ホットクックは、だしやスープを抽出するための調理器具としてもかなりの可能性を秘めていると感じます。例えばちょっといい昆布を70℃の低温調理でほったらかしにしておけば、誰でも割烹レベルの昆布だしが引けるはず。

僕が今度やってみたいと思っているのは「鶏白《パイ》湯《タン》スープ」です。水に鶏がらか手羽先を香味野菜とともに突っ込んで、グラグラわかしつつ「まぜ技ユニット」も常に回転し続ける状態でセットしておけば、とろりと濃厚な白湯スープが勝手に完成するはず！ また機会があれば、ご報告したいと思います。

絶品スープもとれる〈ゆで鶏〉

[材料／作りやすい分量]
鶏むね肉…300g
水(鶏肉の倍量)…600mℓ
塩(水の約0.8%)…5g
長ねぎの青い部分、しょうがの薄切り…各適量
トマトなど好みの野菜…適量
✚ねぎだれ
長ねぎ…55g
にんにく…5g
A 醤油、黒酢(米酢でもよい)…各30mℓ
　ごま油、一味唐辛子…各少々

長ねぎの青い部分としょうがの薄切りは鶏肉の臭み取り用。加えることで鶏肉もゆで汁も風味がグンとよくなる。

ゆで鶏と、旨みたっぷりの鶏スープが同時に完成。ゆで汁はすぐ使わない場合は冷凍保存しておくと便利。

[作り方]
①鶏肉は表面の数ヵ所にフォークを刺して穴を開け、塩をすり込む。ホットクックの内鍋に全ての材料(トマト以外)を入れて軽く混ぜる。
②①に蒸しトレイをのせ、「まぜ技ユニット」がセットされていないことを確認し、本体にセットする。ホットクックのメニューから「サラダチキンメニュー」を選んでスタートボタンを押す。
③ねぎだれを作る。長ねぎとにんにくをみじん切りにしてAとよく混ぜる。
④出来上がったゆで鶏を食べやすく切る。薄切りにしたトマトなどお好みの野菜と鶏肉を器に盛り付け、ねぎだれを添える。

ゆで鶏を展開するなら

奄美鶏飯風〈鶏スープ茶漬け〉

［作り方］

あたたかいご飯を茶碗によそい、食べやすく割いたゆで鶏と奈良漬けをのせる。お好みでわさびと刻んだ柚子の皮を添え、あたためた鶏のゆで汁をかける。★分量はいずれもお好みで

お手軽ホワイトソースがあれば「なんでもグラタン化」

ホワイトソースは単純な料理ですが、いざ作るとなると案外おっくう。イチから自分で作ろうとする人が意外と少ないのは、ダマができないよう、焦げ付かないよう、気をつけながら、鍋の中を常にかき混ぜ続けなければいけないからでしょう。

ホットクックの「まぜ技ユニット」はあくまでも煮込みの補助機能である、と書きましたが、ことホワイトソースに関してこのことは当てはまりません。ここではまぜ技ユニットがいかんなくその能力を発揮します。また、2023年に別売りアクセサリーとして発売された「もっとクック」を使用すると、少量のホワイトソースでもより確実になめらかに仕上げることが可能になります。

それにしてもホワイトソースは、今さらながら優秀なソースだと思います。牛乳、小麦粉、バターという単純な材料の組み合わせで、あっという間に何にでも合うリッチな味わいになる。冷凍もできますし、常にストックしておくとグラタンだけではなく、パスタやシチューなど、何かと重宝するのではないでしょうか。

今回、「グラタン」の具材として白菜を使用しましたが、これはどんな野菜でもいいのです。じゃがいも、かぼちゃ、ほうれん草、などなど、冷蔵庫の残り野菜をなんでもグラタン化してしまえば、それだけで食卓にご馳走が1品増えます。合わせる食材も、ハムだけでなくベーコンやソーセージ、あるいはツナやアンチョビ、シーフードミックスなど、応用も自由自在。もちろん野菜だけでもしっかりおいしいのがホワイトソースのいいところです。ホワイトソース作りに慣れたら、そこからさまざまにアレンジすることも可能。僕はナツメグパウダーを入れるのが好きです。少し好き嫌いは分かれるかもしれませんが、クラシックなレストラン風の味わいになって良いものです。ほかにも、卵黄やチーズ、生クリームなどでコクを加えたり、トマトピューレやたっぷりの刻みパセリを混ぜ込んで目先を変えたり、いろいろ楽しめるはずです。

「なんでもグラタン化」、おすすめです！

お好みの野菜で！〈白菜とハムのグラタン〉

[材料／作りやすい分量]

✚ホワイトソース
牛乳…400mℓ
薄力粉…30g
A バター…30g
　塩、こしょう…各少々

白菜…1/8株(250g)
ロースハム…30g
ホワイトソース…250g
溶けるチーズ…100g

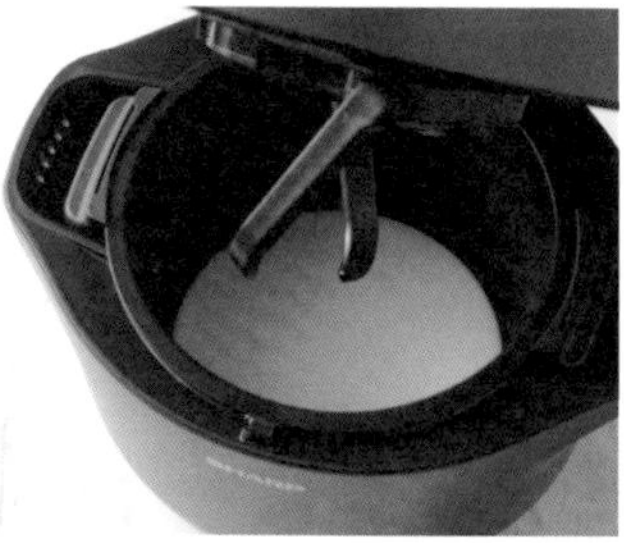

ホワイトソース作りでも「まぜ技ユニット」が大活躍。調理時間は約10分。焦げる心配もなく、ダマのないなめらかなホワイトソースの完成。

白菜またはお好みの野菜にホワイトソースをかけ、チーズをのせて焼くだけ。ホワイトソースを冷凍しておけば、いつでも手軽にグラタンを作ることができる。

[作り方]

①ホワイトソースを作る。内鍋に薄力粉を入れ、牛乳を少しずつ加えて混ぜる。
②「まぜ技ユニット」を本体にセットし、①をセットする。ホットクックのメニューから「ホワイトソースメニュー」を選んでスタートボタンを押す。出来上がったらAを加えて味を調える。
③白菜は食べやすい大きさにざく切りにし、グラタン皿に広げてラップをかけ、電子レンジ(600W)で3分ほど加熱する。白菜の水けをきってからハムをのせ、②のホワイトソースをかけてチーズを散らす。オーブントースターでチーズに焦げ目が付くまで焼く。

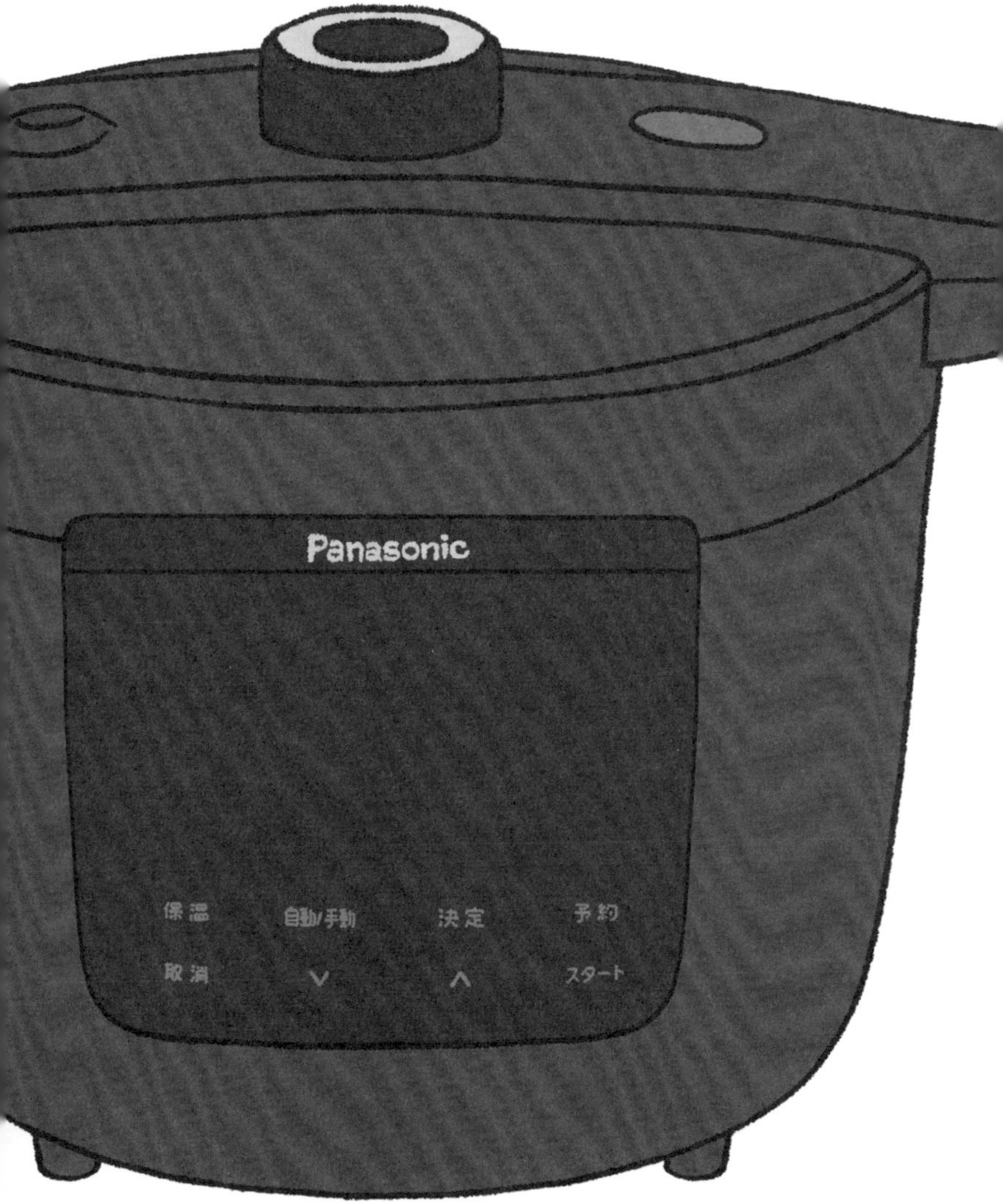
Panasonic
保温
自動/手動
決定
予約
取消
スタート

電気圧力鍋

電気圧力鍋とは「ほぼ完璧にレシピを再現する」調理器具

圧力鍋は「シュ－ッ」って言います。

火にかけてしばらくすると「プシッ……プシッ……」と遠慮がちに何やらつぶやき始め、その後、唐突に「プシュ－－ッ！」と高らかに何事かを宣言し、その後も「シュ－ッ、シュ－ッ」と主張し続けます。

この「シュ－ッ」が、実はなかなかの曲者です。圧力鍋を使い慣れない人々は、「あの『シュ－ッ』が怖い」と口々に言います。なので、ここでとても大事なことを先にお伝えしておかねばなりません。ここで取り上げる電気圧力鍋は、「シュ－ッ」って言いません。

「シュ－ッて言わないなら買う！」となった気の早い人は、ここでもうこの先を読むのを止めてもらってもいいと言えばいいのですが、この後もっと大事なことも書くので、しばし落ち着いてお付き合いください。家電量販店は逃げません。

さて、圧力鍋が「プシュ－－ッ」と何を宣言しているかというと、彼はこう言っているのです。

「殿、ついに圧力がかかりましてございます！」

それは職務の全うであり、殿の方は、

「うむ、その調子で引き続き精進いたせ」

と、彼のいつも変わらぬ働きぶりを頼もしく思います。彼はその後も「シュ－ッ、シュ－ッ」と、己の働きぶりをアピールし続けます。殿も「うむ」

と満足げです。

ここでちょっと意外な事実をお伝えします。圧力鍋を使用するとき、「シューッ」と言わせる必要は本当はないのです。「シューッ」はすなわち「余分な熱が加わり、このままでは圧力がかかりすぎてしまいまするがゆえ、ここは拙者が適度に逃がしておきます」という報告でしかないのです。

なので圧力鍋を使うときは、「シューッ」って言わせない、せいぜい「スー、スー」という、赤子の寝息程度の火力をキープするのが理想の状態です。と、言うは易しですが、これがなかなか難しい。そこを狙って火力を絞りすぎると、気が付けば圧力弁はコトリと落ちており、圧力鍋はただの平凡な鍋と化しています。

電気圧力鍋は、勝手にこれを絶妙にコントロールしてくれる機械です。赤子の寝息のように静かに、しかし正確に、その職務を全うしてくれます。そしてそのことは単に「シューッが怖い」とか「シューッがうるさい」とかいう、お気持ちレベルの問題を解決してくれるだけではない、ということが大変重要です。

ようやく本題です。「シューッ」はすなわち、鍋の中の水分が急激に蒸発していることを意味します。それは最悪、焦げに繋がります。焦げには至らないまでも、鍋中の煮汁の量が刻一刻と変化するということは、その味の濃さがどんどん変わっていってしまうということです。

圧力鍋は一度蓋を閉めると、中の様子は全くわかりません。だから途中で煮詰め加減や調味料を調整することは、どうやっても不可能です。それゆえ、圧力鍋レシピは、「レシピ通りに作ったはずなのになんか違う」ということが起こりやすい。そんな経験のある方は結構多いのではないでしょうか。結果は文字通り、〝蓋を開けてみないとわからない〟のです。ある種のバクチです。「シューッ」がどのくらいの勢いの「シューッ」かによって、結果は大きく変わります。

「シューッ」って言わない電気圧力鍋のメリットは、まさにそこです。水分量、すなわち鍋中の重量変化がほとんどないのです。だから、レシピ通りの調味料を入れれば、レシピ通りの味に仕上がるってことです。すなわち「再現性」。現代のレシピにおいて何よりも重要なのは再現性です。電気圧力鍋はここが「ほぼ完璧」です。

材料を入れたら鍋まかせ。
料理スキルゼロでこの完成度

まず手始めにご紹介するレシピは、ナポリ風のたこ料理「ポルポ・アッフォガート（たこの溺れ煮）」です。たこは煮るといったん硬くなりますが、その後もさらに煮込み続けると柔らかくなり、また、ゆでただけのものとは異なる深い旨みが出てきます。ただし、それを普通の鍋でやろうとするとかなり時間がかかるので、ここは圧力鍋の出番ということになるわけです。

たこは煮込むと意外と水分が出てくるので、最終的にはややスープ状に仕上がるのですが、煮込み始めはなるべく水分少なめでスタートします。いわゆる「無水調理」に近い状態ですが、電気圧力鍋なら焦げ付きの心配はまずありません。味付けの濃さも前述の通り、ほぼブレ無く仕上がるはずです。

また、煮込み時間を延長してもっと柔らかく仕上げたい場合も、蒸発しすぎを心配する必要はありません。とにかく安心して、そして計画通りに使えるのが電気圧力鍋です。

　そんな電気圧力鍋ですが、欠点が全くないわけでもありません。それについては次回以降、他のレシピもご紹介しつつ触れていくことにします。

たここそ圧力鍋の出番〈たこの溺れ煮〉

[材料/作りやすい分量]
ゆでだこ…200g
オリーブオイル…30g
鷹の爪…1本(適当にちぎる)★辛さを抑えたい場合は種を取り除く
にんにく(粗みじん切り)…10g
玉ねぎ(粗みじん切り)…120g
トマトの水煮缶…200g
塩…小さじ½(3g)
ローリエ…1枚
タイム(あれば)…2本
イタリアンパセリ、バジルなど…各適宜

全ての材料を入れたら、あとはほったらかし! なかなか柔らかくならないたこも鍋まかせでホロホロの仕上がりに。

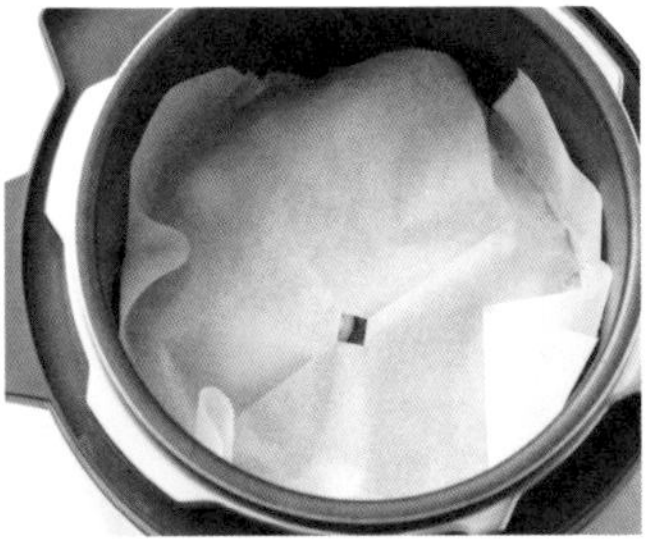

煮汁が全体に回るよう、落とし蓋はぜひ。クッキングシートなどを真ん中に穴を開けてのせてください。

[作り方]
材料を全て入れて混ぜ、電気圧力鍋で30分加熱する。器に盛りつけ、お好みでイタリアンパセリやバジルをのせる。
★たこの旨みが染み出た煮汁は、フォカッチャなどのパンを浸したり、パスタソースとして活用するなどして、ぜひ最後の一滴まで堪能してください!

たこの溺れ煮

家ごはんだからこその美味。「名もなき煮込み」

電気圧力鍋は、単に圧力鍋のガス火がＩＨに置き換わっただけではない、その一歩先を行く調理器具である、ということはおわかりいただけたのではないかと思います。

ただし、パーフェクトな道具なんてこの世にはありません。電気圧力鍋にも、欠点とまでは言いませんが、購入検討にあたって知っておくべき注意点があります。それは、調理を行う場合は必ず蓋を閉めなければいけない、という点です。煮込み料理においては、最初に一部の材料を炒めたり、肉の表面を焼き付けるといった工程が含まれるものも多いですが、電気圧力鍋の場合は、これをフライパンなどで別調理する必要があるということになります。

もう一点、これはむしろ当たり前のことなのですが、あえての確認として。普通の圧力鍋は「使わないときはしまっておく」道具ですが、電気圧力鍋は「場所を決めて設置」する道具です。ということはつまり、先だってご紹介したホットクック同様、キッチンにおける陣取り合戦に勝って初めて使い始めることになります。そしてこのことは、最大のハードルであるとともに最大の利点でもあります。つまり電気圧力鍋は、導入したらほぼ毎日使うことになるであろう、レギュラー鍋になるということです。普通の鍋よりむしろ気軽なくらいですし、気軽に使わないともったいない。

豚汁やポトフといった定番家庭料理はもちろんですが、とりあえず冷蔵庫にあるものをなんでも放り込んでスイッチを押せば、それだけで間違いなくおいしい煮込み料理、もしくはスープが完成します。今回ご紹介する「ボルシチ」だって、実はその延長線上にあるもの。ビーツがなければほかの野菜を増やすなり、大根でもかぶでも何でも放り込んでください。牛肉じゃなくて鶏肉などでもオーケー。健康的かつ素材の旨みが凝縮した、そんな「名もなき煮込み」は、毎日の食卓をきっとより充実したものにしてくれることでしょう！

肉と野菜の水分だけで仕上げる
絶品スープ

ボルシチはロシアやウクライナの伝統的なシチュー。本来は牛骨などでスープを取るなど手間がかかる料理ですが、今回は厚切りの牛肉と身近な野菜、そして缶詰のビーツを使って手軽に作ります。肉はアメリカ産のステーキ用肉など、安価な牛肉で十分。圧力鍋の力で、驚くほどホロホロと柔らかくなり、旨みの深いスープも楽しめます。肉も野菜もくたくたに煮崩す方がおすすめですよ。

実は“しまつの料理”〈ボルシチ〉

[材料／2人分]
牛ステーキ用肉…300g
玉ねぎ…100g
にんにく…10g
バター…20g
にんじん、セロリ、キャベツなど好みの野菜…合わせて300g
ビーツ水煮缶（スライス）…１缶（固形量236g、総量425g）
トマト水煮缶…200g
ローリエ…２枚
Aコンソメ（顆粒あるいは固形）…10g
　塩…８g
サワークリーム、ディル…各適宜

ボルシチには欠かせない、鮮やかなピンク色が美しいビーツ。ビーツは缶詰の方が独特の土臭さが感じられず、調理も手軽。

火が通りにくい牛肉を一番下に入れ、野菜はその上に重ねて入れて。あとはこのままスイッチオン。水は加えず、肉と野菜などの水分だけで作るから旨みが濃い！

[作り方]
①牛肉は大きめの角切りに、玉ねぎは薄切り、にんにくはみじん切りにする。にんじん、キャベツなどの野菜はそれぞれ2cm角に切る。
②鍋に牛肉とバターを入れてにんにくを散らし、その上に玉ねぎとにんじん、キャベツなどの好みの野菜を重ねる。トマトとビーツも汁ごと加えてローリエをのせてAを加える。
③圧力鍋本体にセットして30分加熱する。器に盛り、好みでサワークリームと刻んだディルを添える。

普及率80％。「国民的調理家電　ホットプレート」の最新事情

ホットプレートは、もはや私たち日本人にとって、当たり前となった調理器具です。あまりにも当たり前すぎて、僕が今さら何を語ることがあろうか、という話でもあるのですが、あえてそこに切り込んでいくことにしましょう。

とはいえ、どこから切り込んでいけばいいのかさっぱりわからなかった僕は、とりあえずホットプレートの歴史から調べてみました。調べる前から、これが昔から飲食店で使われる「鉄板」を家庭用にアレンジしたものであろう、という予測は付いていました。飲食店の鉄板と言えば、まず思いつくのがお好み焼きです。そして焼きそば。専門店や屋台で、目の前でジュウジュウと焼かれていくそれらは、まさにシズル。庶民のグルメとして圧倒的な存在です。

個人的には、このお好み焼き&焼きそば以外の鉄板庶民グルメとして「豚ばら焼き」にも注目したい。それほどメジャーではありませんが、日本各地に点在する、おそらく戦後の復興期に生まれた文化です。かつては今より相対的に安かった豚ばら肉を野菜とともに鉄板で炒めて、濃い味のたれを絡める、もしくはたれを付けながら定食として食べる料理です。

もうひとつ、「鉄板焼き」も見逃せない。これはアメリカで最初に成功した日本料理です。どこが日本料理かと思うかもしれませんが、スシが和

食の代名詞となるより前の時代、それはアメリカで大流行しました。日本にも逆輸入され、コック帽を被ったシェフが目の前の鉄板で和牛ステーキを焼き、野菜や魚介も焼き、最後はにんにく焼き飯を作ってくれる高級ステーキ店は、今も人々の憧れです。

何にせよホットプレートは、そういう非日常的な外食を家庭に移植する画期的な発明でした。最初にホットプレートが開発されたのは１９６０年頃だったようです。その時点でそれは今とほぼ変わらない形状でした。電熱線で鉄板を加熱する、という極めてシンプルな構造ですから、それは当時の技術でも無理なく可能だったということでしょう。ある意味コロンブスの卵です。しかしそんな画期的な発明品も、当初は全く普及しませんでした。それどころか年々ジリ貧です。ところが急に風向きが変わったのが１９７０年頃。この時代からようやくホットプレートは普及し始めます。いったい何があったのか？　疑問に思った僕はいろいろと調べてみました。そこで発見がありました。エバラ食品の「焼肉のたれ」の発売が１９６8年。こちらも最初は苦戦したようですが、ホットプレートと焼き肉のたれが、手に手を取り合って普及していったことは想像に難くありません。

１９８０年代、さらに普及は進みます。家庭料理の簡略化が進む中で、材料さえ用意すればあとはみんなで焼くだけの「おうち焼き肉」は、時代のニーズにズバリ、フィットしたことでしょう。そしてホットプレートの快進撃はまだまだ止まりません。焼き肉やお好み焼き以外の料理にもホットプレートを使うアイデアが次々に生まれました。個人的に、ホットプレートでパエリアを作るアイデアを思いついた人には、マイ・ノーベル賞を差し上げたい。

この流れに合わせて、各メーカーは鉄板に透明のガラス蓋を付け、そして溝の付いた焼き肉プレートのみならず、たこ焼きプレート（！）まで付け、さらには縁を高くして鍋物にも対応可能とするなど、さまざまなアイデアをそこに投入しました。そんな企業努力のおかげもあり、その後、家庭での普及率は約80％にまで達しているそう。これは電子レンジとほぼ並ぶ驚異的な数字です。

こんな超優等生な調理家電について今さら僕が何を言えるでしょう、という話なのですが、手始めに、「ミニホットプレートのすすめ」をご提案しておきたいと思います。

ホットプレートではいろいろなことができます。なので、その日の料理は全てホットプレート主体で進むことになります。肉だけでなく野菜も切って並べ、焼きそばなどの主食もそのままそこで仕上げたくなります。ホットプレートは面積が広いので、肉や野菜を焼きながらかたわらでほかのこともやりたくなります。僕もアヒージョやホイル焼きをよくやります。

ダイニングテーブルの中心に大きなホットプレートがあって、それを家族で囲む。これはまさに団欒の象徴。鍋料理と並び、かつて日本人が皆で囲炉裏を囲んでいた時代から綿々と続く文化、その最新版です。

しかし、ここであえて発想を変えてみます。1人用の小さなホットプレートを用意して、そのときはあくまで脇役に回ってもらう。そうすると献立のバリエーションがぐっと広がるのです。

左ページの写真の食卓は、ミニホットプレートにのっているひと口ステーキ以外は全て「買ってきたお惣菜」です。忙しい日に買ってきたものだけで夕食を済ますのはもはや当たり前だと思いますが、そんなときにホットプレートで焼くだけの

メインを用意すれば、すっかりご馳走です。
　ハンバーガーのセットを買ってきて、ありあわせの野菜をミニホットプレートで焼き、ついでにポテトもこんがり温め直す、なんてこともできます。
　メインのおかずがしょうが焼きの日は、簡単なサラダや作りおきの副菜でも並べておいて、しょうが焼きはミニホットプレートで仕上げる。そのまま保温すれば、作りたての熱々が楽しめます。大人たちはお刺身と冷ややっこくらいであっさり済ませたいけれど、子どもがいるとそれだけってわけにはいかないのよね、なんてときは、ソーセージでも用意して勝手に焼いてもらったり。
　何ならミニホットプレートは毎日食卓に出しっぱなし、なんてスタイルもアリだと思います。ホットプレートはシンプルだけど完成度の極まった優秀な調理家電。忙しい家庭でこそめいっぱい便利に使いこなしていきたいものです。

「疑惑のオーブンレンジ」それを手放したわが家に何が起こったか

かつて「テレビデオ」という家電がありました。名前の通り、テレビとビデオデッキが一体になったものです。だいたい同じ頃、「ファミコン内蔵テレビ」というものもありました。これらには、2つの機器がひとつになっていてコンパクトかつ便利というだけでなく、機器同士をケーブルで接続する必要がないため画質がいいという利点もあったようです。

この種の機器で最も普及したのが「ラジカセ」でしょうか。これにさらにレコードプレーヤーまで付いたものもあり、さすがにそれはいろいろ無理があったのか普及しませんでしたが、ラジカセそのものはその後ヒップホップのアイコンになったり、最近でも静かなブームと言われたりもしています。

何もかもがスマホ一台で全て完結してしまう現代において、それらはとっくの昔に現実的な役割を終えていますが、過去の一時代において大きな役割を担っていたのは間違いありません。……えーと、別に昭和のアイデア家電の話をしたいのではありません。調理家電の話です。残念ながら調理家電はその機能がスマホにすっぽり収まることはありません。最近ではコントロール部分はスマホで操作できたり、通信機能を使ってレシピをダウンロード、みたいなことは行われ始めていますが、本体機能までもがそこに収まることは、おそらく未来永劫ないでしょう。なのでこの調理家電界においては、複数の機械が一体化したものはまだまだ現役と言えます。

その代表的なものが「オーブンレンジ」です。今さら説明の必要もないでしょうが、オーブンと電子レンジが一体化したもの。普及度合いはかつてのラジカセ並みかそれ以上なのではないでしょうか。調理家電界のラジカセ、それがオーブンレンジです。しかし僕は、昔からこのオーブンレンジというものにずっと疑いの目を向けてきました。こいつはどうもアヤシイ。なぜならそれは、一体になっていることのメリットが何も見当たらないからです。ファミコン内蔵テレビにおける画質のように、クオリティに直結するシナジーも無い。

実は、そうなってしまうのは当然と言えば当然です。なぜならば、オーブンと電子レンジという2つの機器は、食べ物を加熱するという最終目標こそ一見似ていますが、その原理には全く共通性が無いからです。共有している部品が何ひとつ無いとも言い換えられます。共通しているのは「扉付きの四角い箱」という「ガワ」だけ。そして何のシナジーも無いのに、デメリットはあります。

せっかく電子レンジという汚れの付きにくい器具なのに、オーブン機能を使った瞬間、そのメリットはゼロになる。電子レンジパートの機能はともかく、オーブンパートのパワーや機能はちょっと心許ない。予熱にもなんだか時間がかかる。そして何より、両方を同時には使えない。これをニコイチに合体させるのはそもそも無理があるのではないか？　ラジカセというよりはむしろレコードプレーヤー付きラジカセみたいなものなのではないか？　それが僕のオーブンレンジに対する疑惑です。

もちろん、オーブンレンジがここまで普及したのにもちゃんと理由はあると思います。おそらく多くの日本人にとってオーブンレンジは、あくまで電子レンジとして使うことがメインであって、オーブンとしての機能は、朝ごはんでトーストを焼く以外はごくたまにしか使わないことがほとんどだからではないでしょうか。「オーブンという豪華なオマケが付いた電子レンジ」と考えれば、オーブンレンジは確かにおトクな家電かもしれません。

余談ですが、日本の家庭においてオーブンの重要性が低いのは、もともとの和食文化の成り立ちもありますが、実はほとんどのガスコンロに標準装備の「魚焼きグリル」の存在も大きいのではないかと思っています。あれこそが日本人にとってのオーブンなのかもしれません。あのコンロ内蔵型魚焼きグリル自体が実に画期的な発明ですが、あれがなかったらより高性能な単体のオーブンが必要とされ、オーブンレンジの普及もこれほどではなかったのではないか、と思ったりもしています。

なんだか延々とオーブンレンジという機械をくさしてしまったような形になりましたが、もちろんそれは本意ではありません。オーブンレンジにはもちろん存在意義があり、かつてそれを手放した僕に何が起こったか、ということをお伝えしましょう。

5年ほど前まで、わが家にはオーブンレンジがありました。かつて日本人として当たり前のように購入したそれを、10年以上使い続けていました。それが壊れたのが5年ほど前だった、ということです。正直、そのとき僕は、心の中でホッとしました。これでようやく調理家電界のレコードプレーヤー付きラジカセであるところの（↑偏った主観）オーブンレンジともおさらばだ、と。

さっそく、単機能の電子レンジを買いました。ダイヤルが2つ付いただけのべらぼうに安いやつです。性能として必要十分なのはわかっていましたし、ダイヤルで強弱と時間を合わせるだけというう、感覚に直結した見事なユーザーインターフェースは実に快適でした。

僕は結局、オーブンレンジにいろいろついているボタンをピピピピと何度も押し続けることには最後までなじめなかったのです。特に「あたため自動」の（ひときわ大きくその存在を主張する）ボタンに至っては、むしろ憎悪すらしていました。しょっちゅう裏切られることになるのはまだ諦めたとしても、それは使用者の主体性を剝奪する機能だったからです。

1万円でお釣りのくる電子レンジに大満足した僕は、次にいそいそと単機能オーブンの物色を始めました。しかしこちらは少し苦労しました。オーブンレンジ全盛の日本において、単機能オーブンの選択肢は極めて少ないからです。そのことで僕は改めてオーブンレンジを呪いました。念のため繰り返しますが、これもやや特殊な一消費者の、ちょっとおかしな感覚です。

ともあれ最終的に、コンベクション機能も付いたそこそこパワフルなものを購入しました。いくらだったかは覚えていませんが、安かったはずです。電子レンジとオーブン両方合わせても、一般的なオーブンレンジより安かったのは覚えています。それでいて申し分ない使い勝手と高性能を手に入れたということで、僕は大満足でした。

しかし、困ったことが起きました。オーブンを置く場所がなかったのです。前に、オーブンと電子レンジの共通点は「ガワ」だけである、と書きましたが、そのことの持つ大きな意味を実感しました。日本の住居は狭い。だからキッチンも狭い。もちろんわが家も例外ではない。オーブンレンジのありがたみを見直し、心の中で謝罪しました。

しかしそんなことに怯《ひる》んでいる場合ではありません。僕は長年夢見てきたキッチンライフをようやく手に入れようとしているのです。置き場所は、なければ作るのみです。

冷徹な目でキッチンを見渡しました。既存メンバーのリストラは不可避です。僕は心を鬼にして「コーヒーマシン」の肩を叩きました。これにも長年お世話になってきました。しかしコーヒーはハンドドリップでも淹《い》れられるのです。フレンチプレスという手もあります。コンビニのコーヒーがぐんぐんおいしくなっていった時代でもありました。

コーヒーマシン氏はとてもできた人なので、「ご主人様がそうおっしゃるなら仕方ありやせん。よござんす。私もずいぶんあちこちにガタが来てりますので、なに、これからはのんびりと楽隠居させていただきますよ」と、寂しそうにそれを受け入れてくれました。そして数日後、粗大ゴミの日にわが家からいなくなりました。最低か、俺。

ともあれ、かつてコーヒーマシンが置かれていた場所に現代最強ユーザーインターフェースを持つ（旧式）単機能電子レンジが移設され、届いたばかりの質実剛健なコンベクションオーブンは、かつてオーブンレンジがいた場所に設置され、僕のキッチンはまた一歩、理想に近付きました。

斯様《かよう》に、調理器具の選択というものは常に陣取り合戦です。購入費用はだいたいの場合、一定期間で元が取れます。そう言い切れるくらいには、現代のプロダクツは概ね優秀です。まさに「金で解決」。

しかしキッチンのスペース自体は、そう簡単に解決できません。もちろん「広い家に引っ越す」という、そんな「金で解決」も理論上はあり得るかもしれませんが、それはさすがに金で解決の域を超えています。「ホットクックの購入を検討しているのですが置き場所がありません」と悩む人に、もし「あー、それはもっとキッチンが広い家に引っ越せばいいですね」と返したとしたら、おそらくマリー・アントワネット並みに憎まれるでしょう。僕だってギロチンは嫌です。

現代日本に生きる我々は、日々新しい調理器具を目にします。実際使ってみると、だいたいの場合、そこには確かに新しい価値があります。

小さい機械なら何ら問題はありません。わがキッチンの作業スペースには、まな板と並んで、手のひらサイズながら3kgまで量れる0・1g単位のデジタルスケールや、コンパクトなのにパワフルなミルミキサーが常設されています。家電ではありませんが、実に使い勝手の良いピーラーやおろし金やゴムべらは、S字フックで目の高さに吊り下げられています。いずれも毎日のように使う、一生手放せないものばかりです。

しかし、電子レンジクラスの大物となるとそういうわけにもいきません。スペース確保という大きな難題が待ち構えているのです。メーカーさんたちはもちろん、省スペース設計という工夫にも抜かりはありません。しかしそれにも限界というものがあります。調理器具はどう逆立ちしてもスマホサイズには収まりません。むしろ、そういう制約があるからこそ調理器具選びは楽しいのです。限られたリソースをいかに有効に活用するか、それはゲームの楽しさの根幹でもあります。

とりあえず僕のキッチンはもういっぱいいっぱいですが、例えばもし今度コンベクションオーブンが壊れでもしたら、次はそこにオーブンタイプのハイエンドなエアフライヤーを入れるかもしれません。もしくはもう一度あえて、今度は最新式のスチーム機能付きオーブンレンジなのかもしれません。そのとき、不要になったダイヤル式電子レンジの跡地に置かれるのは、ホットクックなのか電気圧力鍋なのかスロークッカーなのか、はたまたまだ見ぬ未知の調理器具なのか。陣取り合戦を勝ち抜くのはいったい誰なのか!?

夢は広がるばかりです。

3

「おいしく快適」が基本の時代

おろし金

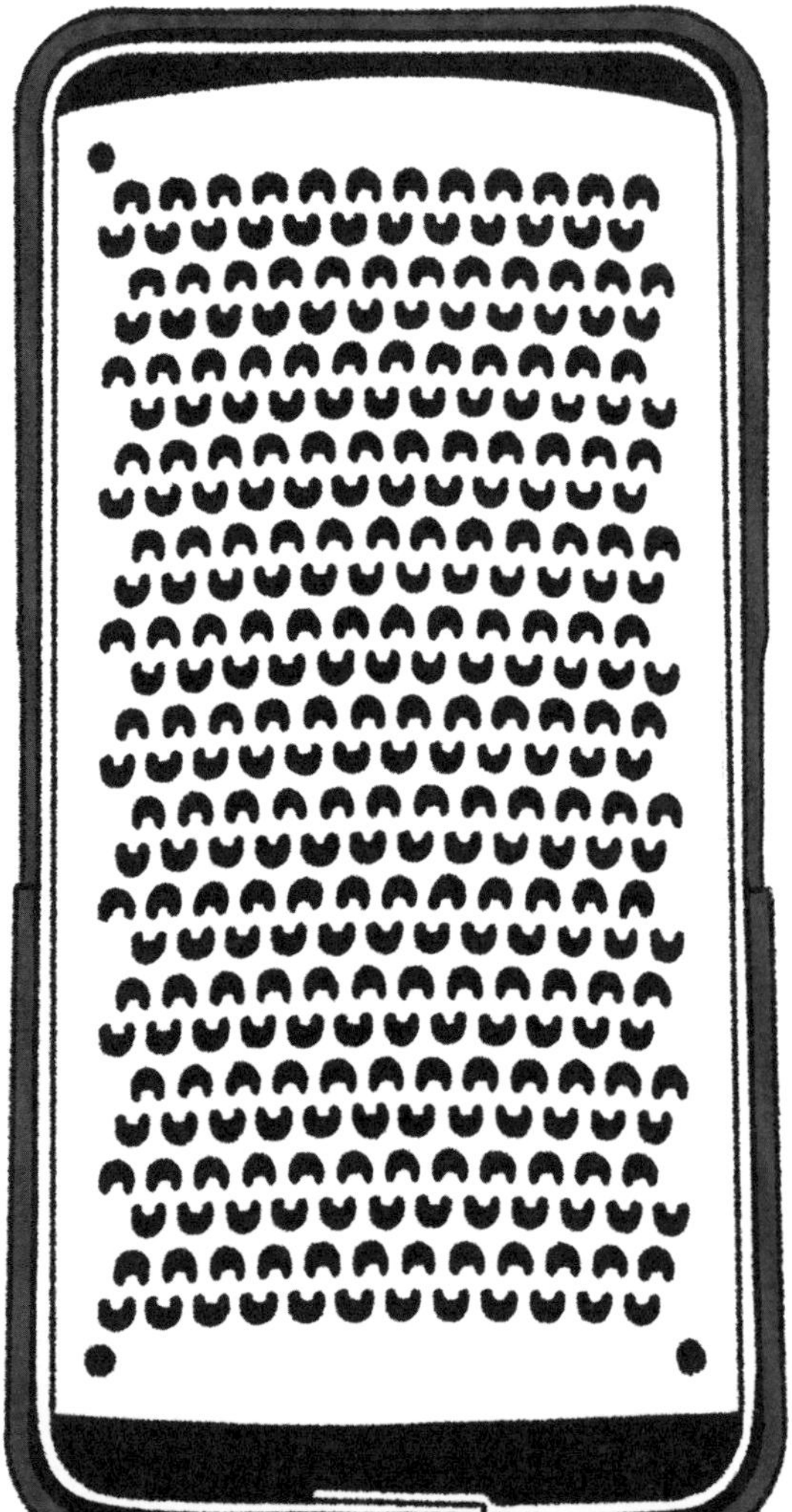

4000円超えのおろし金で叶える「おいしい時短」

今さら言うまでもありませんが、おろし金は昔ながらの基本的な調理器具。持っている方も多いと思います。でもそれ、案外ほとんど使わずにしまい込みっぱなし、という方も少なくないのではないでしょうか。

おろすという作業は、単純だけど微妙に億劫です。そして世の中にはチューブのおろしにんにく・しょうがという、とても便利なものがあります。わざわざ自分でおろさなくても、と思っても何の不思議もありませんし、世の中にはチューブを使うレシピも溢れています。しかし、おろしたてのにんにく・しょうがは、やっぱり一味も二味も違うんです。どう違うかはこの後おいおいお話ししていくとして、「おろす」という作業を日常に取り戻すには、ちょっとした使い勝手が何より重要。というわけで、ご紹介するのは〈エバーおろし〉。

これは一見、何の変哲もないおろし金ですが、とんでもないスグレモノです。少人数家庭にピッタリのサイズ感もさることながら、とにかく軽い力でスイスイおろせて、なおかつなめらかできめ細かい仕上がり。

僕自身はこれを手に入れてから約1ヵ月経つのですが、おろし金を使う頻度は確実に増えました。何ならほぼ毎日です。エバーおろしは食器の水切りカゴと作業台を行ったり来たりするばかりで、引き出しの中には一度もしまい込まれていません。もはや包丁とまな板レベルで手放せない道具となりました。

ただし、これは最初に言っておかなければいけませんが、このエバーおろしはおろし金としてはすこぶる高価です。4000円以上します。びっくりするでしょう？　しかし、そもそもこの本の裏テーマは「金で解決」。そしてこのエバーおろしには、確かにその金額分の価値があると確信できたので、今回取り上げる運びとなりました。

ちなみにこの商品、現在すでに8万個以上も売れているそうです。口コミの力ってすごいですね。誰かが使って「これは手放せない！」となったから広がっていったわけです。一見、地味極まりないけど、それくらいインパクトがあるってことでしょうね。

さて、オリジナルレシピの提案に進む前に、ごくシンプルな使い方をご紹介していきましょう。まずは定番中の定番、冷ややっこです。普段チューブを使われている方も、改めて「おろしたてのしょうがってこんなにおいしかったっけ！」となること請け合いです。

左ページの写真の冗談みたいなビジュアルは、僕が普段食べている仕様です。もはやねぎもかつお節もいらない。硬めのしっかりした豆腐としょうがの相性は抜群で、「これだけで延々酒が飲める」ってやつです。ちなみにこの豆腐は、おとうふ工房いしかわさんの「至高のもめん」という商品。全国のスーパーで結構売られていると思います。価格と品質のバランスが素晴らしく、僕はやっこや湯豆腐などシンプルな料理のときはだいたいいつもこれです。

納豆におろしにんにく、というのは意外かもしれませんが、これがかなりイイんです。ごく少量を加えるだけで、びっくりするくらい納豆の味わいが引き立ちます。個人的には辛子よりむしろいい。納豆のアンモニアっぽいクセも消えるので、苦手な人にもむしろ食べやすくなるかもしれません。どんなたれでもいけると思いますが、どちらかというとオーソドックスなものの方がいいでしょう。もちろん醤油オンリーでも。ちなみににんにくを一玉買うと、内側の粒は小さい上に皮が密着してむきづらいことってありますよね。エバーおろしなら、そういうにんにくはなんと皮ごとすりおろすこともできます。こんなおろし金、初めて見た……。

そして、にんにく、しょうがと並んで、おろしの定番といえば「大根おろし」。エバーおろしはサイズが小さめなので、大根おろしが薬味的にち

ょこっとほしいときに最適です。大根おろしは皮ごとおろす方が風味や辛みを生かせるのですが、エバーおろしは皮だけベロンと取り残されたりすることなくスムーズに、しかもふわふわにおろせます。

皮ごとおろした大根の活用法でおすすめなのが、お刺身にわさび代わりに添えること。こちらで紹介したお刺身はぶりですが、このほかにもかんぱちや青魚系など、脂ののったお刺身には特によく合います。実はまぐろにも合います。中とろだったらなおいいですね。たいやひらめなど白身魚ならおろしポン酢がよく合います。その場合は一味唐辛子を混ぜた紅葉おろしもおすすめ。

……とまあ、いいことばっかり書いてきましたが、しかしもちろん、道具には必ず欠点もあります。エバーおろしの最大の欠点は、結局のところ価格です。だって何の予備知識もなくいきなり見せられて「いくらだと思う？」って聞かれたら、５００円くらいかな、って答えると思います。何なら１００均でも似たようなものは買えそうです。

最初に書いた通り、僕自身はそれでもその金額に見合った価値があると思います。しかし僕は無類の薬味好きで、そもそも料理を生業にしている少し特殊な人間です。知り合いのある和食屋の大将もカウンターで仕上げ用に使っており、やっぱり「手放せない」と言っています。４０００円超えをペイできるかどうかは、結局、使用頻度ということになるでしょう。あと、目が細かい分、ちょっと洗いにくいですね。ただしタワシか歯ブラシを常備すればすぐに解決します。

もう一点、欠点というよりは宿命の話なのですが、果たしていつまでこの切れ味が持続するのかという問題もあります。僕のエバーおろしは今のところ全く衰えを見せていません（購入して1年以上経っていますが、特にまだ変化はありません）。しかし、刃物は「絶対に」いつか切れ味が鈍ります。それがいつの日なのか、どの程度鈍るかもまた価格に対する価値に大きく関係します。この点に関しては今後も気長に検証を続けて、変化があるようならご報告したいと思います。

シンプル鍋のススメ。薬味とたれで楽しみたい

では、エバーおろしが得意とする薬味を総動員した一品をご紹介しましょう。豚肉と小松菜のシンプルなお鍋です。

鍋料理は、いろんな具材を用意した寄せ鍋的なごった煮も楽しいものですが、具材をシンプルに絞り込むと、一気に料理屋さんふうの粋な料理になります。具材を用意するのも楽ちんですし、代わりにこうやって薬味を並べると、ますます割烹や小料理屋さんみたいに。たれにおろしにんにくを入れるという隠し味は、ポン酢だけでなくごまだれにも有効です。

ちなみにこういう豚肉と野菜の鍋を「常夜鍋」とも呼び、ほうれん草を使うものが有名です。ほうれん草ももちろん良いのですが、汁にほうれん草のあく（シュウ酸）が溶け出してしまうので、最後に汁を使った「締め」を諦める、もしくはほうれん草を先にゆでてあくぬきをする一手間が必要になります。なので、普段は小松菜がおすすめ。あと、意外なところでレタス類を入れるのもなかなかオツなものです。もちろん水菜や春菊、せりなどでも。

薬味を総動員して味わう〈かっこいい豚しゃぶ〉

［材料／2人分］
豚しゃぶしゃぶ用肉…160g
木綿豆腐…½丁
小松菜…½束
昆布…適量
〈にんにくポン酢〉
おろしにんにく、ポン酢、ごま油…各適量
〈三色おろし〉
おろししょうが、大根おろし、一味唐辛子…各適量

しょうが、にんにくのすりおろしも驚くほど軽い力でスルスルと。指先に臭いもつかずストレスフリー。

［作り方］
①鍋に昆布と水適量を入れて30分ほどおく。豚肉、豆腐、小松菜は食べやすく切る。
②にんにくポン酢を作る。ポン酢におろしにんにくとごま油を好みの量加える。
③①の鍋を中火にかけ、煮立ってきたら具材を加えて火を通す。おろししょうが、大根おろし、大根おろしに一味唐辛子を加えたものを添え、にんにくポン酢につけながら食べる。

チューブでは決して作れない味がある

かつて最初にインドカレーのレシピ本を作ったとき、散々迷ったことがひとつありました。それは「チューブにんにく・しょうがの使用をアリにするかどうか」です。にんにくもしょうがも生の方がおいしいのは間違いありません。ただし、チューブタイプであっても、使い方によってはその最大の欠点である「独特の刺激臭」をある程度とばすことも不可能ではありません。

そしてその本は、あくまでインドカレー初心者の方や、何なら普段あまり料理をしない方にも、まずは気軽にチャレンジしていただくことが大事な目的のひとつでした。僕は迷いに迷った結果、チューブもアリ、とすることに決め、その代わり、あまり多くない量を玉ねぎなどと一緒にしっかり炒めて不要な香りを可能な限りとばす、という工程を経ることで欠点をカバーすることにしました。

そのこと自体は今でも間違っていなかったと思います。世間ではチューブにんにく・しょうがはもはや当たり前のものになっており、それを使うレシピの方がむしろ主流と言ってもいいくらいだからです。そういう世の中です。しかしもし現代日本の家庭で「おろす」という作業がもっと当たり前のことだったら、そのときそういう判断はしなかったであろうこともまた確かです。

というわけで、「エバーおろしによって『おろす』が日常となったセカイ」を想定した2品をご紹介します。

1品めはミニマルな「豚のしょうが焼き」。ここで使う調味料は、おろししょうがと醤油だけ。こんな潔い作り方ができるのは、すりたての風味豊かなしょうがを使うからです。チューブタイプのしょうがも便利ですが、この香りは生だからこそ。市販のしょうが焼きのたれなどもとてもよくできているし、自作でも凝り始めるとキリがないですが、たまにはあえてシンプルに、こんな大人っぽいしょうが焼きを楽しんでみてはいかがでしょう？

削ぎ落とされた大人味〈豚のしょうが焼き〉

[材料／1人分]
豚ばらスライス肉…100g
しょうが(皮ごとすりおろす)…10g
醤油…10g
キャベツのせん切り…適量

ヒゲ状の手ごわいしょうがの繊維が断ち切られて、醤油の中にパッと散るように広がります。口当たりもよく、爽やかなしょうがの香りに感動します。

[作り方]
① おろししょうがと醤油を合わせる。
② フライパンを熱して豚肉を広げ、中〜強火で焼く。火が通ったら①を加えてサッとからめる。キャベツを盛った器に盛り付ける。

中華の合わせ調味料はお家で作ろう

もう一品提案したいのが、冷凍のおろしにんにく&しょうがを使ったたれが決め手の、四川風の「回鍋肉《ホイコーロー》」です。

スーパーに行けば、それだけで味の決まる便利な合わせ調味料がいろいろ売っています。中華は特に充実しており、レトルトの調味料だけでかなりお店の味に近いものが作れます。ですが、そういうものは意外と、家庭で常備している普通の調味料を混ぜ合わせるだけでも何パターンも作れちゃうんです。そんなときにとても便利なのが、「冷凍にんにく&しょうが」。まとめて仕込んでおけば、チューブと同じくらいの手軽さで、それよりワンランク上の味が手に入ります。

甜麺醤《テンメンジャン》がベースになったこのピリ辛なみそだれは、覚えておくととても重宝します。キャベツを使った回鍋肉やなす炒めにももちろん合うし、冷蔵庫に残った野菜もこのたれで調味するだけで中華風のピリ辛炒めができます。おろしにんにくとしょうががあれば、ほかにもこうしたたれがすぐ作れます。

・オイスターソース＋醬油＋にんにく＋しょうが
・ねぎみじん切り＋塩＋にんにく＋しょうが

みそベース・醬油ベース・塩ベース、ということですね。この全3パターンがあれば、大概のものは作れてしまいます。こうやって簡単でも手作りすると、町中華とは一味違う、高級っぽいお店の味に近付けるのも嬉しいポイントです。

　ちなみに、回鍋肉というと薄切りの豚肉とキャベツを合わせて作るのが一般的だと思いますが、それは日本生まれの作り方。本場では豚ばらのかたまり肉をゆでて切り、それを焼きつけてから炒めます。合わせる野菜もキャベツではなく、青唐辛子や葉にんにくを加えるのですが、今回は手に入りやすいししとうで。豚肉のゆで汁もいいだしが出ているので捨てるのはもったいない。トマトやレタスを加え、こってりめの回鍋肉と相性抜群のさっぱりスープとして活用しました。

本当の四川風レシピ〈回鍋肉〉

[材料／4人分]

豚ばらかたまり肉…400g

ししとう…12本

A 甜麺醤《テンメンジャン》…30g（赤みそ20g＋砂糖10gで代用可）

豆板醤《トウバンジャン》…15g

醤油…5g

おろしにんにく、おろししょうが…各10g

水…適量

冷凍したしょうがとにんにくを使う際は解凍しなくてもOK。甜麺醤、豆板醤、醤油を混ぜ合わせたAの調味料に、凍ったまま加えてしばらくおけば、自然に解凍される。

[作り方]

①豚肉を鍋に入れてかぶるくらいの水を注ぐ。中火にかけて15分程度、あくと脂をすくいながらゆでる（ゆで汁は〈レタスとトマトのスープ〉に使うので、あくはなるべくていねいに除く）。豚肉に火が通ったら、取り出して冷ましておく。ゆで汁は取っておく。

②Aを混ぜ合わせる。豚肉が冷めたら7㎜幅程度に切り、熱したフライパンで両面こんがりするまで中〜強火で焼く。途中、豚肉の脂が出てきたらししとうを加えてサッと焼き、Aを加えて全体に味をからませる。

〈レタスとトマトのスープ〉

[作り方／1人分]

①小鍋に四川風〈回鍋肉〉の豚肉のゆで汁200mℓ程度を入れ、醤油小さじ2を加える(分量は目安。好みで調整を)。

②①を中火にかけ、おろししょうが、ちぎったレタス、ひと口大に切ったトマトを入れ(分量はいずれもお好みで)、サッとひと煮立ちさせる。

スライサー

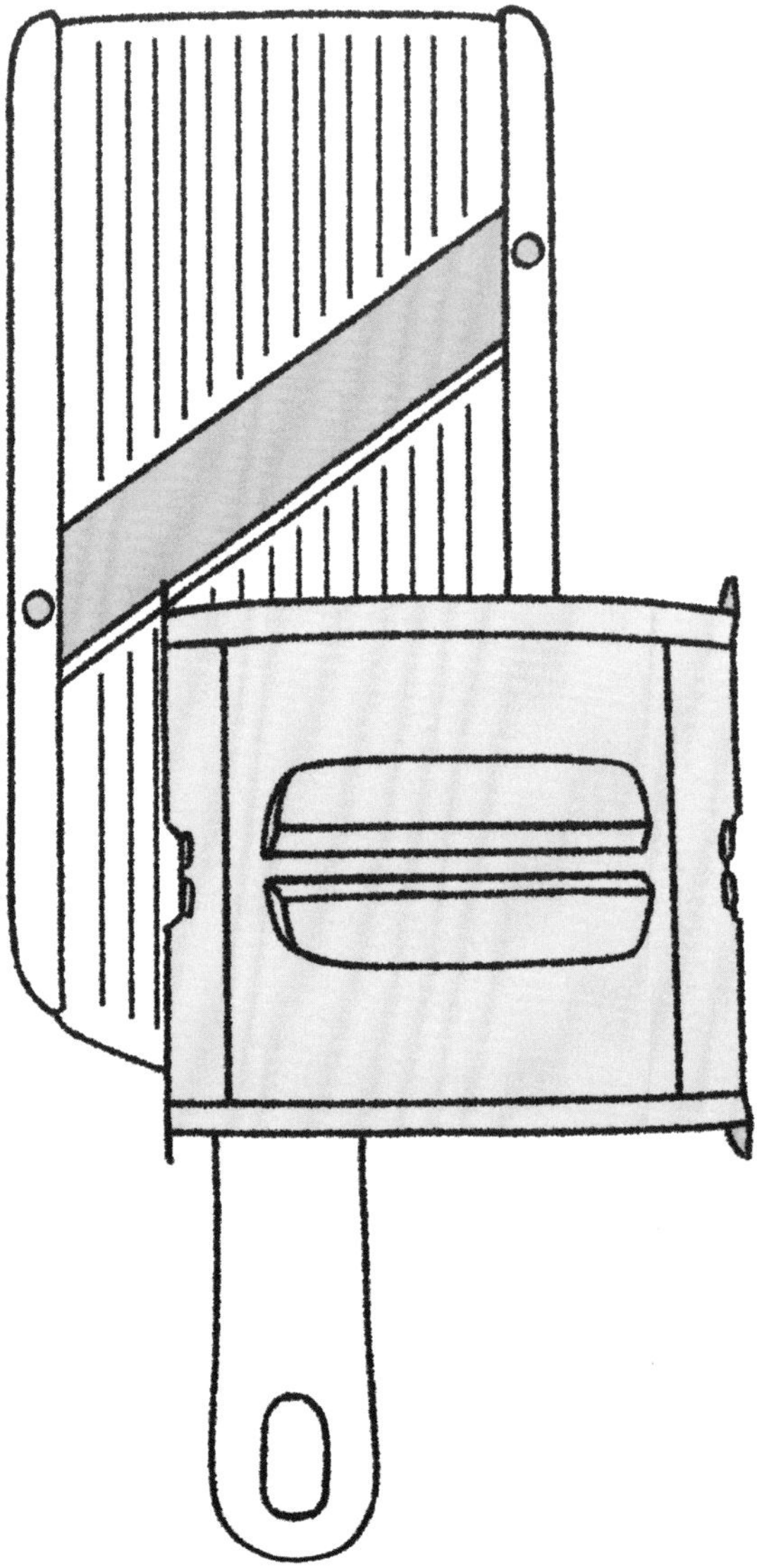

もうケガしない。進化版スライサーで作る「キング・オブ・コールスロー」

うっかり指を負傷した経験のある方、必見です！　最新スライサーは意外な進化を遂げていました。

スライサーには忌まわしい記憶があります。僕自身が体験したわけではなく、店の厨房でスタッフが起こした「事故」なのですが、もちろんそれに関して詳しく書くのはやめておきます。ご想像にお任せします、というか想像もしない方がよろしいかと思います。

そもそもプロの料理人は、包丁仕事に関しては妙なプライドがあり、包丁以外の「切る道具」を避けたがる傾向があります。それもあって、僕はその「事故」以来、厨房でのスライサーの使用を禁止しました。料理長としての強権発動です。もちろん自分も、自宅を含めて、スライサーとは縁を切りました。

しかし……スライサーはやはり便利なのです。「包丁一本で何でもこなしてみせるぜ！」というプライドは美しくもあるのですが、正直なところ、スライサーの方が圧倒的に速く均一にスライスできる場面が多々あることは認めざるを得ません。

例えば、きゅうりを縦に薄くスライスして氷水に放ったものは、ふわっとした見た目も美しく、シャキシャキとしつつ滑らかな食感はほかでは代わりがききません。僕はこのスライスきゅうりを、スライサーを手放した後も、ピーラーで作っていました。冷しゃぶや雲白肉《ウンパイロウ》の付け合わせには特に欠かせません。

そのうち、世の中にはピーラーをそのまま大きくしたようなスライサーがあることを知り、それも使い始めました。これならギリギリ、件《くだん》の悪夢も蘇りません。そして刃の幅が広い分、きゅうりだけでなくさまざまな野菜がスライスできます。何だかそれが妙に楽しくて、いろんな野菜を片っ端からスライスしているうちに、僕はスライサー料理の最高傑作と自負する料理を発明しました。

それが左でご紹介する「カリフラワーのコールスロー」です。純白でふわふわした乙女チックな見た目がファンシーなだけでなく、味も食感も最高なのです。コールスローと言えばキャベツですが、キャベツには独特の青くささがあるため、洋食店などのコールスローは、ドレッシングでしっかりマリネすることでその青くささを抑えます。もしくは高級とんかつ店などで提供されるせん切りキャベツは、徹底的な水晒《さら》しが施されます。

実はカリフラワーはキャベツと近縁の野菜で、生で食べると同様のシャキシャキ感と甘みがあります。それでいて青くささは皆無なので、シャキッとするまで短時間、さっと水に晒しただけで、その甘みをしっかり残したままおいしくいただけるのです。〝キング・オブ・コールスロー〟、それがこの「クリスピーカリフラワーサラダ」です。

アメリカなどでは房のままのカリフラワーを生で食べることがありますが、これも絶対、スライスした方がおいしいと思います。アメリカの皆さまにも教えてあげたい。全米が泣きます。

〈クリスピーカリフラワーサラダ〉

[材料／作りやすい分量]
カリフラワー…1/4個
お好みの野菜(ここでは生食用かぼちゃを使用)…適量
生ハム(またはサラミ)…2枚
イタリアンパセリ…適量
✚ヴィネグレットドレッシング
A 酢(あればワインビネガーかシェリービネガー)…10g
塩…2g
こしょう…少々
オリーブオイル…30g

[作り方]
①Aをよく混ぜ、ヴィネグレットドレッシングを作る。
②カリフラワーとかぼちゃはスライサーでスライスして水に晒す。パリッとしたら水気をよくきり、①のドレッシングとあえる。
③②を器に盛り付け、生ハム、イタリアンパセリをちぎってのせる。お好みでこしょう少々(分量外)をふる。

スライサーは置いて使う+食材を動かすタイプを

「ピーラーのでかいやつ」で僕の中でのスライサー問題は解決したかと思われたのですが、思わぬ展開がありました。我々「金で解決チーム（↑なんだか『有閑倶楽部』みたいですね）」は、調理器具のプロ中のプロ、かっぱ橋道具街の飯田屋さんにおすすめのスライサーを尋ねたのです。すると返ってきた答えはこういうものでした。

「器具を動かす方のスライサー（つまりピーラー型のやつ）より、置いて使うタイプの方がおすすめです！（キッパリ）」

マジかよ……。しかし我々は飯田屋さんに全幅の信頼を置いていますから、それは言うなれば、もはや神託。疑えばこの身は業火で焼き尽くされてしまうでしょう。僕は青ざめつつも、再びあの調理器具と相対する決心を固めるしかありませんでした。

というわけで、件の「カリフラワーのコールスロー」を作ってみました。……なるほど、確かにこちらの方が速くてラクです。しかし最大の問題、つまり忌まわしい記憶の源泉そのものとも言えるのですが、それは「手指の保護」です。それは何よりも優先されねばなりません。それが担保されねば、僕はカリフラワーを房のままバリバリと噛み砕き続ける人生を選びます。

結論から言うと、スライサーにおいて手指を保護するためのホルダーは、僕が知らない数年のうちに、確実に進化していました。食材がある程度大きいうちはガシッとホールドでき、食材が小さく、薄くなっていくとそのまま広げて押し付けられるという、トリッキーな構造です。何でも進化するものですね。特に調理器具という分野は、一見何でもないような工夫がその使い勝手を飛躍的に向上させるということをこれまでも体感してきましたが、これも確実にそのひとつです。

ただしそれでもやはり、あらゆる道具には欠点もあります。スライサーに関しては、食材の最後の最後までスライスしきれないという構造的な欠陥は、ホルダーが進化したところで変わりません。最後の一片まで使い切ることにこだわりすぎると、またそれが事故の原因ともなりかねません。

なので、ほどほどのところまでスライスしたら、残りは諦めて包丁でカットするか、残しておいて別の料理に使うという決断を迫られることになります。決して無理はしないでください。

皆さま、本日もご安全に！

たっぷり玉ねぎが深い旨みに〈チキンコルマ〉

[材料／4人分]
鶏もも肉…320g
玉ねぎ…400g
塩…4g
サラダ油…30g
A ヨーグルト…60g
　にんにくのすりおろし…8g
　しょうがのすりおろし…8g
　コリアンダーパウダー…2g
　クミンパウダー…2g
　ターメリックパウダー…2g
　カイエンペッパー…2g（お好みで。甘口0.5g、中辛1g）
　ガラムマサラ…4g
　塩…4g
トマトピューレ…50g
水…200g（仕上がり重量が800gになるよう調整）

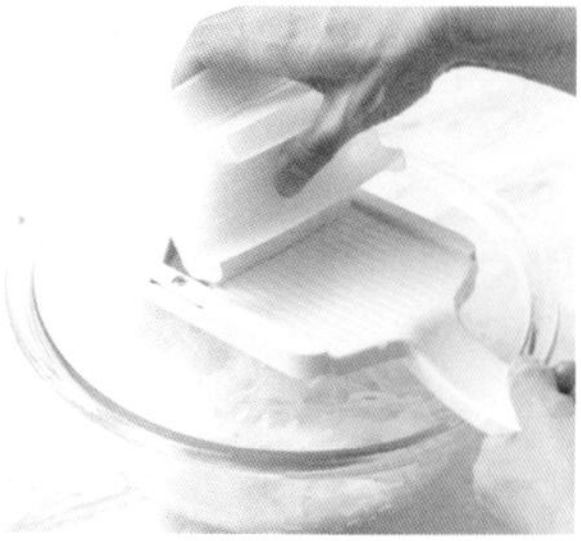

半透明のホルダーで食材をつかんで動かす。玉ねぎは繊維を断ち切るように、繊維に対して直角にスライスすることがポイント。水分がより出やすくなる。

玉ねぎの炒め具合はこのような色・状態になればOK。この炒め玉ねぎにより、短時間の調理でも長く煮込んだような仕上がりに。

[作り方]

①鶏肉は皮を取り除き、ひと口大に切る。玉ねぎはスライサーで繊維を断つように薄切りにする。半端に残った玉ねぎはざく切りにする。
②鍋に玉ねぎ、塩、サラダ油を入れて重量を量っておく(鍋の重さは差し引く)。火にかけてサッと炒め、蓋をして弱火で30分蒸し煮にする。焦げないようにときどき混ぜる。
③玉ねぎを蒸し煮する間に、混ぜ合わせたAを鶏肉にまぶして漬けこんでおく。
④②の玉ねぎがごく薄い茶色に色づいて、完全に柔らかくなったら(この時点での重量は約200g)、③の鶏肉を加える。肉の表面の色が変わり、スパイスの香りが立つまで炒めたら、トマトピューレと分量の水を加えて15分煮込む。仕上がり重量が800gになるように煮つめる。

オイルポット

家で揚げ物をしたくなる6つの条件

「家では揚げ物をしない」という人は、結構多いのではないでしょうか。日常的に料理をし慣れている人からも、揚げ物だけはまずやらない、という話をよく聞きます。気持ちはとてもよくわかります。揚げ物は、面倒臭いし、億劫です。

揚げ物は（当然ながら）大量の油を必要とします。これがまず嫌です。サザエさんみたいな昭和的な大家族ならまだしも、現代の少人数家庭では、なんとも大袈裟な気がします。

揚げ物は油が跳ねます。ちょっと怖いし、服もコンロ周りも汚れます。

揚げ物は、揚げる前の下準備も結構面倒です。コロッケなんて最たるものです。あれは世界トップレベルで面倒な料理。もっと単純なカツやフライでも、小麦粉・卵・パン粉と3段階でコロモを付けるなんて、考えただけでげんなりです。天ぷらのコロモだってコツが要りますし、魚介類は特に下ごしらえが面倒です。

揚げ物は温度管理が厄介です。しかしここをちゃんとしないとおいしくありません。それまでやってきたことが全てパーになります。失敗すると、天ぷらはシナシナ、から揚げは中が生のまま外だけ焦げ、そしてコロッケは当たり前のように破裂します。

ようやく揚げ物が完成しても、まだ続きがあります。鍋に注いだ大量の油はさほど減っていません。揚げカスを濾《こ》し、冷めるのを待ってどこかにしまわねばなりません。邪魔です。ベトベトします。シンクには粉をはたいたバットや中途半端にコロモが残ったボウル、ヌルヌルの菜箸や網じゃくしなどが散乱しています。ため息をつきながらそれらを洗い、そしてコンロを拭きます。揚げ物なんて二度とやるもんか、と思います。

家で揚げ物をしない理由はもうひとつあります。最近は、売っている揚げ物がおいしいのです。昔は売っている揚げ物は決しておいしくありませんでした。冷めきっているのは仕方がないにしても、フライでもから揚げでも天ぷらでも、あらゆるコロモは分厚く、シナシナを通り越してふにゃふにゃでした。トンカツなんて、肉よりコロモが分厚いのが当然でした。

しかしそれらは徐々に改善され、年々確実にクオリティが上がっています。お惣菜売り場の揚げ物コーナーにおける最安値商品はだいたいコロッケですが、あれを見てしまうと、誰が自分で作る気になるでしょうか。天ぷらだって、そりゃ揚げたてそのものとまではいきませんが、油染みているわけでもなく、そこそこカラッとしており、トースターやオーブンで上手に温めればなかなかのおいしさです。

飲食店で食べれば当然揚げたてでもっとおいしく、そして揚げ物メニューは大抵安いです。それをテイクアウトするという手だってあります。

というわけで、今回は、「家庭での揚げ物は諦めて、買ってくるかお店で食べるかにしましょう」ということで、このまま終わってしまってもいいと言えばいいのですが、しかし僕はここであえて主張します。

「揚げ物こそお家で楽しもう！」

ここまで散々ディスっておいて何を言う、と思われるかもしれないのですが、お家での揚げたての揚げ物は、やっぱりおいしいのです。たいした材料でなくても、それを揚げさえすればあっという間にごちそうになります（ここだけの話、だから お店は積極的に揚げ物を売るのです）。特に天ぷらは、あらゆる野菜を魔法のようにおいしくしてくれます。

　揚げ物は、ちょっとした発想の転換で、実はグッと気楽なものになります。気合を入れてやるというよりは、むしろ献立に困ったときや時間が無いときの「お助けメニュー」にすらなり得ます。ただしひとつだけ条件があります。それは、ある程度コンスタントに、日常的に揚げ物を作り続けることです。目安としては1ヵ月に2回以上。もちろん多い分にはもっと多くても構いません。回数が多ければ多いほど気楽になると思います。

　というわけで、具体的に「お気楽揚げ物ライフ」のコツを解説していきましょう！

1．油は少なく、鍋は小さく

揚げ物というと、大きな鉄の天ぷら鍋を使うイメージがあるかもしれませんが、一旦それは忘れましょう。1〜2人前なら ミルクパン、3〜4人前でも雪平鍋程度で十分です。そのサイズの鍋なら、油は少量でも十分な深さになります。2人分なら300ｇ程度で十分。油が少なければ気軽に作れますし、油ハネも最小限、鍋は片手で扱えて後片付けも楽です。

2．冷蔵庫に入るコンパクトなオイルポットを

揚げ物の油は、何を揚げるかにもよりますが、4〜6回程度は使い回せます。油は使うたびに酸

化が進み、使わなくても保存期間が長くなれば、やっぱり少しずつ酸化が進みます。なるべく油が酸化しないよい状態で使い回すには、蓋付き容器での冷蔵保存が必須。使い残しの油がちょうど入るくらいのコンパクトなオイルポットを用意します。油を濾す網付きなら揚げカスを濾すのも楽です。

3．文明に頼ろう〜コロモ編〜

先ほど「売っている揚げ物がおいしくなった」と書きましたが、それを可能にしたのが業務用の天ぷら粉、から揚げ粉、バッター粉などの超進化です。そしてそのテクノロジーは、家庭用商品にも使われています。市販のコロモの素は、誰がやってもカラッと揚がる、油が汚れにくいなどの圧倒的なメリットがあります。特に優秀なのは天ぷら粉。使わない手はありません。

4．文明に頼ろう〜温度管理編〜

比較的新式のガスコンロやＩＨコンロには、揚げ物用の温度管理機能が付いています。これをちゃんと使えば、揚げ物で失敗する確率はほぼゼロと言っていいくらいの便利な機能です。揚げ物は種類によって最適な温度がありますが、家庭で少量を揚げる場合は、とりあえず何でも１８０℃で設定しておけばまず大丈夫です。コンロに温度管理機能が無い場合、ガンタイプの赤外線温度計もなかなか便利です。

5．ローテーションを組もう

先ほどもお伝えしましたが、揚げ油を使い回せる回数は、４〜６回が妥当。保存期間は２ヵ月を目安にしましょう。使うたびに、必要なら前回減った分だけ新しい油を足して使います。足せば油は少し寿命がのびます。なので足す油の量や使う頻度によっては、使える回数はもっと増えます。

野菜類は油があまり汚れませんが、肉や魚介では進行が早まります。また醬油などで下味を付けたものや、魚などを長時間揚げたりすると、それも酸化を早めます。なので油が新鮮なうちは野菜の天ぷらや素揚げを中心にします。気軽にたっぷり野菜を摂るチャンスとも言えます。2〜3回目からは鶏のから揚げや小あじの南蛮漬けなど。ただしあまりその順番にこだわりすぎても「思い立ったとき、気軽に何でも揚げ物に」という意義が薄れてしまいますので、こだわりは程々に。使える回数が1〜2回減るだけのことですので！

6. 油の捨てどきを見極める

そうやって使い込んでいると、いつしか油の寿命が来ます。油の捨てどきを見極めるには色やにおいで判断することもありますが、一番わかりやすいのは煙です。酸化が進んだ油は180℃程度で煙が立ち始めます（新鮮な油はもっと高温にならないと煙が立ちません）。そして揚げているとき、表面にブクブクと細かい泡が立ちます。もしそうなったら少量だけ新しい油を足してその日はしのぎ、最後にその油を全て処分します。油の処分は、「固めるテンプル」など市販の凝固剤がおすすめ。燃えるゴミと一緒に捨てることができます。

このローテーションを1回こなせば、揚げ物はきっと身近なものになっているはず。次は新鮮な油で何を揚げよう、とワクワクしながら買い物に行けば、いつもの野菜が全てご馳走に見えてくるはずです！　なす、オクラ、セロリ（の葉）、舞茸、かぼちゃ、ピーマン、みょうが、さやいんげん……天ぷらだったら僕はこのあたりがおすすめです。

「小さく揚げれば失敗なし！」おうち天ぷらは豆天であるべし

今回ご紹介するようなひと口サイズの天ぷらを「豆天」と言ったりもします。天ぷら専門店で言う「ばら天」もほぼ同じものです。豆天は、家庭で小さな鍋と少量の油で揚げるのにとても向いています。油の表面積を隙間なく目一杯使えるからです。大きいタネが重なってくっついてしまう心配もありません。

そして豆天はさらにいろいろなメリットがあります。品良く天ぷらを揚げるにはコロモを薄くまんべんなく付ける必要がありますが、〝豆天＋市販の天ぷら粉〟なら、まずこれが至極簡単です。また、天ぷらを食べる際の最大の悲劇〝コロモのすっぽ抜け〟を完璧に防ぎます。特にえびや穴子は、最初からひと口大にカットすることで、揚げている最中に曲がってしまう心配がなくなります。個数を家族の人数に合わせる必要もなくなりますし、中途半端に余っている食材を何でも使って〝冷蔵庫一掃〟も可能です。それをあえてランダムに盛り付ければ、イタリアンの「フリットミスト」みたいです。今回合わせてご紹介する天丼や天茶も、ご飯となじんでぐっと食べやすくなります。

とにかく、「おうち天ぷらはすべからく豆天であるべし」、というのが僕の主張です。進化した天ぷら粉とコンパクトなオイルポットさえあれば、天ぷらは日常の手抜きおかずにすらなり得ます。その際、天ぷら粉のスペックを最大限に生かすためには、水の量はパッケージの表記通り正確に、そしてコロモはケチらず多めに用意する方が良いでしょう。中途半端に余ったコロモには玉ねぎなどせん切り野菜を混ぜて、言うなればお好み焼きを揚げる感覚でかき揚げにしてしまうのもおすすめです。また、油が少ないと温度が下がりやすいので、１８０℃までしっかり上げてから揚げ始め、最初にコロモをカリッと固めることも重要。そして油温が下がりやすいということは上がりやすいことも意味します。再び油温が上がった頃には、天ぷらはよりカラッと、油切れよく仕上がっているはず。

今まで苦手だったことが上手にできるようになると、「やればできる！（しかもおいしい！）」と自信がついて、自己肯定感も上がるという、嬉しい効果もあります。揚げ物に高いハードルを感じていた人にこそ試してもらいたいレシピです。

家での揚げ物を推奨する、内緒の理由がもうひとつあります。作る人こそが真の揚げたて、つまり一番おいしい状態をつまみ食い、もとい、味見できるという点です。それが豆天ならパクッとひと口で、より気兼ねなくつまみ食いができます。なんなら缶ビールも先に開けてしまいましょうか。

あらゆる家庭料理は、作る人が一番トクをするべきです。そういう意味でも豆天は、理想の家庭料理のひとつなのです。

ひと口大がベスト〈野菜とえびの豆天〉

[材料／2人分]
えび…6本
野菜類…お好みで
★今回はパプリカ¼個、ズッキーニ½本、なす1本、かぼちゃ⅛個を使用
天ぷら粉、水… 各適量　★天ぷら粉はパッケージの表示通りに適量を用意する
揚げ油…250～300㎖　★鍋の大きさによって調整する

[作り方]
①えびは殻と背わたを取って半分に切る。野菜類はひと口大に切る。天ぷら粉はパッケージの表示通りに水で溶く。
②小さめの鍋(直径15㎝、深さ7㎝程度)に油を入れ、火にかけて180℃に熱する。
③えび、野菜に衣をつけ、揚げ油に静かに入れる。衣は薄くまんべんなくつけるのがポイント。1～2種類ずつ揚げていく。多少くっついても気にしないでOK(揚げているときに無理にバラそうとすると衣がはがれやすいので注意)。小さいサイズは火が通りやすいため、表面がカラッとなってきたら引き上げて、油をきる。器に盛って塩(分量外)を添える。
★市販の天ぷら粉は塩で食べるのに向いているので、こしょうや抹茶、カレー粉、ゆかりなどを加えて変化を付けた"アレンジ塩"もおすすめ

〈塩天丼・天茶〉

[作り方]
塩昆布の旨みと塩けが天ぷらを引き立てる。お碗にご飯を盛り、塩昆布2つまみを散らす。天ぷらをのせ、塩少々をふる。さらに、塩天丼に熱々のだし汁をかければ、"天茶漬け"に。だし汁400㎖に対し、塩小さじ⅓、薄口醤油小さじ1を加えて味を調える。塩天丼にかけていただく。
★だしはだしパックでもOK

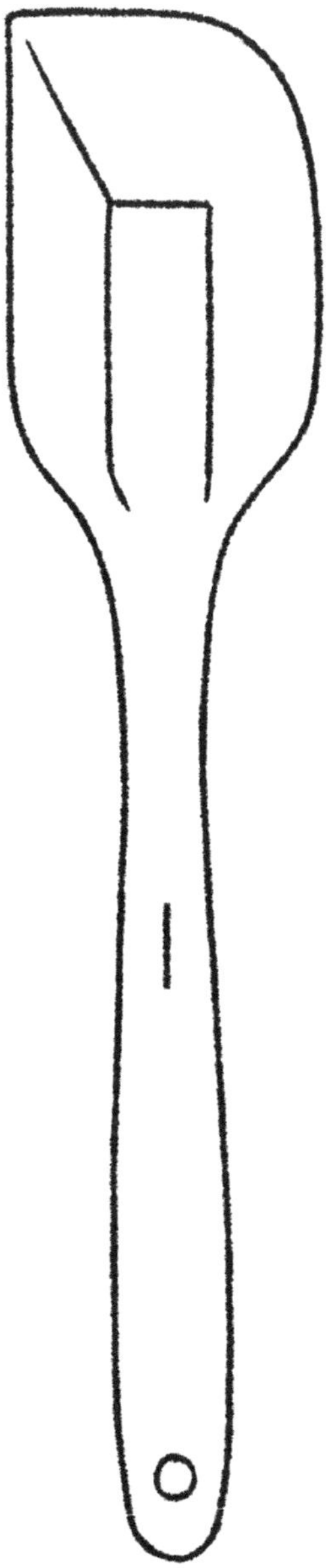

シリコンべら

へらこそ最強＋万能な調理道具

昔はごくたまにしか使っていなかったのに、今ではほぼ毎日お世話になっている調理道具があります。それはシリコンべら、通称ゴムべらです。

かつての僕はそれを「製菓用の道具」とみなしていました。皆さんの多くもそうなんじゃないでしょうか。あとはせいぜい、マヨネーズなどの調味料を何かと混ぜるときに使う程度。しかしあるとき、僕は気付きました。これって実は火を使う料理に使ってもいいわけじゃん！

そう、「ゴム」と聞くと不安になるかもしれませんがシリコンべらの耐熱温度はおおむね200℃ほど。よほど特殊なものでない限り、焼き物や炒め物の鍋と接しても問題ありません。では具体的にどういうときに便利なのか、例を挙げていきましょう。

【ひっくり返す、取り出す】

ハンバーグをひっくり返したり、煮魚を鍋から取り出したりするとき、鍋肌に沿って食材の下にスッと入れられて快適です。崩れたり皮が剝がれたりする心配もありません。豆腐を両面焼くときなんて、むしろこれじゃないとかなり嫌です。

【カレーやパスタソース】

鍋底をさらいつつ満遍なく混ぜたり、ヘリのこびりつきを鍋に落としながら煮込んだり、複数の作業がこれ一本で済みます。パスタの場合は麺とソースを合わせるときも、手早く混ぜることができます。カレーもパスタも、仕上がったものを器に移すとき、もっともシリコンべらの特性が生きますね（かつてはこの「移す」だけをシリコンべらでやっていました。そのうち「だったら最初からこれだけでやれば洗い物減るじゃん」と気付いたのが、シリコンべら多用の始まりでした）。

【卵との相性バツグン】

卵料理では特に大活躍します。目玉焼きを取り出したり、オムレツやスクランブルエッグを全体的にとろりと仕上げたり、卵焼きやだし巻き卵を巻いたり。特に小さめの鍋やフライパンを使うときはかなりのアドバンテージがあります。

【その他の炒め物・焼き物全般】

だいたい何にでも使えます。たれを絡めながら炒めたり焼いたりするものには特に向いていきます。とりわけ鍋を振るのが苦手な方にとっては救いなのではないでしょうか。もちろん、器に移すときも快適。

【こねる】

ちょっと意外な使い方として、ハンバーグなどの肉だねをこねるのに使えます。力が入れやすい分、手の方が早いと言えば早いのですが、あの、肉をこねた後のベトベトの手を洗うストレスから解放されます。

……といったような感じで、何でもシリコンべらでやってしまうようになった僕は、フライ返しや木べらをほとんど使わなくなりました。特にフライ返しはもう何年使っていないでしょうか。

とはいえ。シリコンべらが向いていない作業も少しはあります。例えばゆでたじゃがいもをつぶす作業。このときは素直に木べらを……と言いたいところですが、僕はこのとき「しゃもじ」を使います。イボイボ付きの「くっつかない」やつです。

あとは、例えばシチューなどで、炒めた肉などのこびりつきをこそげ落とす場合。ここでようやく木べらの登場です。しかし逆にいうと、鍋がテフロン加工のものだったらそもそもこの作業自体が発生しません。シリコンべらは特にテフロン鍋と相性のいい調理道具と言えます。あまり大きくないテフロン鍋で少人数分の料理を作る、という現代的なキッチンワークにおいて、シリコンべらはもっと標準的に使われるべきではないかと思っています。

ではそのシリコンべら、どういうものを選ぶのがベストか。いろいろなブランドのシリコンべらの使い勝手をシビアに検証しました。気分はすっかり花森安治 a.k.a.『暮しの手帖』です。

しなり具合、すなわち硬さは、最重要ポイントのひとつです。極端に安価なものだと、妙に薄っぺらくて硬く、ほとんどしならない場合もあります。こういうものは、料理はもとより本来の用途であるお菓子作りなどにも向かない「地雷」です。しなりがいいのがいいへら、じゃないんです。使いやすさにはある程度の硬さが必須。かといって柔らかすぎてもいけません。ヘリの部分は弾力がありつつ、軸の厚い部分はしっかりとした強度があれば、食材を混ぜやすく、またひっくり返すときも安定します。

とにかく実物を手にとって、自分が普段作る料理を想像しながら、脳内シミュレーションをしてみることが大事ですね。卵焼きを巻くときにしっくりきそうだな、とか、ハンバーグをひっくり返すときにも安定しそうだな、とか、とにかく具体的にイメージしながら選びましょう。

カレー作りこそゴムべらで

そんなわけで、僕はシリコンべらを加熱調理にも使うようになってから、木べらをほとんど使わなくなりました。パスタとソースを和えるとき、かつては菜箸を使っており、「イタリア人にも菜箸のよさを教えてあげたい！」くらいに思っていましたが、これも今ではほぼ完全にシリコンべらに置き換わっています。

和食板前時代に習得した「限界までだしを増やしただし巻き」も、かつては箸を使っていましたが、今は当然のようにシリコンべらで、心中「修業要らなかったじゃん……」と、少し虚しさすら感じています。オムレツも、あるいはチキンソテーも酢豚も、もちろんカレーも麻婆豆腐も、使うのはシリコンべらです。

カレーは、確かに「にんじんじゃがいも玉ねぎごろごろのカレーを8皿分」みたいなときは、シリコンべらではパワー不足で木べらを起用しますが、今どきそんな昭和の大家族みたいなことは滅多にありません。少量の料理をテフロン加工の鍋で作ることが多い現代のキッチンにおいては、シリコンべらこそが最適解です。

ただし残念なことにシリコンべらは、元々はおおむね「混ぜる」ために作られています。だから、炒め物や焼き物に使う場合は、「惜しい……もうちょっとだけこうだったらいいのに！」という歯痒さをちょっぴり感じることがあるのも事実。

例えば「へら中央の平面部分を広めにとって、そこにエンボス加工を！」とかですね。ここはどこかのメーカーさんが思い切って、加熱調理に特化した理想のシリコンべらを作ってくれないかなあ……と妄想しています。

最高にシンプル〈超簡単バターチキン〉

[材料／2人分]

A 鶏むね肉…160g（皮を取ってひと口大にそぎ切り）
　ヨーグルト…30g
　にんにくのみじん切り…4g
　しょうがのみじん切り…4g
　塩…2g
　ガラムマサラ…2g

バター…15g
トマト缶（クラッシュタイプ）…200g
はちみつ…15g
塩…2g
生クリーム…60g

漬け込んだ肉を鍋へ移すときも。

鍋中で具材を炒めるときも、汁けのあるものを煮つめるときも。

鍋肌に沿わせることもできる。

[作り方]

① Aを合わせ、20分～ 1 日ほど冷蔵庫でなじませておく。

② 鍋にバターを熱し、① を汁ごと加える。中火で肉の表面の色が変わるまで炒める。

③ トマト、はちみつ、塩を加えて混ぜ合わせる。沸騰したら蓋をして弱火で10分ほど煮込む。

④ 生クリームを加えてひと煮立ちさせる。

パスタのゆで時間から始まる歴史と「キッチンタイマー」に忍び寄る危機

僕の生活にキッチンタイマーというものが最初に入り込んだのは、大学生の頃でした。何のために買ったかというと、ほぼパスタをゆでるためだけです。

その頃の僕は、かなり真剣にパスタ調理の練習に励んでいました。お金の無い学生にとって外食のパスタはまあまあな贅沢です。それを自分で作れば安あがりだ、というのが主なモチベーションでしたが、それと同じかそれ以上に、おいしいパスタを作れたら女の子にモテるかもしれない、という幻想に囚われてもいたのです。

当時、おそらく同じように考えていた男子は、日本中にたくさんいたのではないかと思います。いわば「パスタ男第一世代」です。思えばその頃は、今よりいささか「アルデンテの呪縛」が強かったのではないかと思います。アルデンテという概念そのものが日本ではまだ新しいものだった時代、それは少々誤解もされ、極端な話、パスタは硬ければ硬いほど本格的なのだ、と思われがちでした。

料理雑誌のレシピを見ると必ずと言っていいほど「袋の表示より1分短めにゆでる」と書いてありました。中には「2分短く」と書いてあるものまであり、それを真に受けた僕は、ゴリゴリの半生たらこスパゲッティを涙目で食べる羽目になったこともあります。さすがにそれは（たとえそれが本格的なのだと言われようと）ちっともおいしくない。とはいえ、ゆで時間が少しでも長くなっては台無しだ。つまりそこには精緻な時間コントロールが必要なのだ。それが僕が初めてキッチンタイマーを買った理由でした。

最初に買ったのは、アナログのダイヤル式でした。パスタのゆで時間の管理は、それまでよりずっと快適になりました。もう、時計の秒針を真剣に見つめ続けるあまり何時何分にスタートしたのか忘れてしまうような悲劇とはおさらばです。同時に僕のパスタの調理技術もぐんぐん向上しました。それで本当にモテたかどうかはともかく、キッチンタイマーはカップラーメン作りにも大活躍で、とりあえず僕自身の生活の質は間違いなく上がりました。

その後、デジタル式の高級キッチンタイマーが現れ、それは時代とともに徐々に安くなっていきました。今では100均にも売っています。しかし僕は、あんまり安いものは買うべきではない、ということを知っています。僕はそれを飲食店で働く中で学びました。飲食店の優秀で真面目な店長は、経費を少しでも節減するために、同じ機能なら少しでも安いのを買うものです。

100均にデジタルタイマーが並び始めた頃のそれは、液晶が小さいのは仕方がないとして、それに対する言い訳かの如く、なぜかファンシーなデザインのものが多かったような気がします。厨房には、赤いりんごとかピンクのハート形とか、なぜかパステルグリーンのチェック柄とか、いかにも安っぽい造形が統一感皆無で並び、何だかプロの誇りがゴリゴリ削られる気がしました。

何よりそれらは、かなりあっけなく壊れました。壊れるきっかけは主に「落とす」からでした。安いタイマーは特に磁石部分が小さく、忙しい調理の合間にボタンを押した瞬間、ポロリとよく落下しました。慌てて拾ったそれは、液晶表示が永遠に【88：88】のままです。

落とさなくてもよく壊れました。電池を交換した瞬間、何もしていないのにピピピと鳴り続ける単なる騒音発生機に成り下がったり、逆に残り時間がゼロになっても何も言わないクールぶったイヤミな野郎になったり、何も触っていないのに突然、表示が【88：88】になったり、あるいは【LE：L】みたいな石板に刻まれた古代の文字のようになったりしました。

熟練スタッフの中には、「えーと、これは……【08：30】だな」と、古代文字の規則性を見つけた考古学者がロゼッタストーンを解読するかの如き特殊能力を身につけ、我慢して使い続ける者もいましたが、そんなことでいちいち頭を使うのは正直あまり気が進みません。


やはりこういうときこそ「金で解決」です。安物買いの銭失い、という言葉がつくづく身に染みた我々は、少々高くても「なるべくちゃんとしたもの」を買うようになりました。今ではどの店でもだいたい、タニタの最新機種が整然と並んでいます。多い店だと6個くらいあったりします。新しい機種は液晶表示部分が大きく、ボタンは3つとごくシンプル。マグネットもしっかりしており、さすがに滅多なことでは壊れません。定価は1100円ほど。場合によってはもっと安く手に入る場合もあるので、もう100均には戻れません（今はもしかしたら、100均のものも性能が上がっているのかもしれませんが）。

しかしこの機種には、個人的にちょっとした物足りなさがあります。それは「10秒ボタン」が無いことです。【00：30】に合わせるのに、秒ボタンなら30回押さねばなりませんが、10秒ボタンなら3回。これは意外と大きいです。高額機種の場合はテンキーが付いていたり、プリセットが可能だったりしますが、そこまでいくとシンプルさが失われ、かえって使いづらい。10秒ボタンが追加されているくらいがちょうどいいのです。あと強いて言うなら、リセットボタンも欲しい。シンプルな機種では「秒ボタン」と「分ボタン」の同時押しでリセットを行います。それでも特に問題無いと言えば無いのですが、個人的には独立していてほしい。

僕が一番最近買ったものは、この点でほぼ理想的でした。聞いたことのないメーカー製ではありましたが、10秒ボタンとリセットボタンが付いていました。もちろん液晶表示はデカ表示。ただし1秒ボタンはありません。でも冷静に考えてください。実はあれはいらないのです。そんなものが必要なのは、いまだにギリギリのアルデンテを秒単位で追求する拗《こじ》らせに拗らせたパスタ男くらいでしょう。

そしてそのタイマーには、1秒ボタンが無い代わりに「10分ボタン」も付いていました。実際使っているうちに、10分ボタンもなかなか便利であることに気がつきました。しかし残念ながら、このタイマーはちょっと前に壊れました。ある日、操作中に床に落下させてしまい、表示画面に黒い染みが浮き出てしまいました。こんなことになってしまったのは100%僕の過失です。しかし、あえて自分の迂闊さを棚に上げて言いますが、あれは不可抗力でもあった。マグネットが豆粒のように小さかったのです。これではすぐに落っこちる。

これは初期100均のりんご形タイマーと変わりません。赤いりんごの落下ならワンチャン、何とかの法則でも発見できたかもしれませんが。それを踏まえて声を大にして言いたい。マグネットは大きくてしっかりしたものを！　ネット通販ではそこまで確認できないことが多いのがつらいところですが、これはとても重要だと思います。

この件が若干のトラウマになって、実はまだ新しいタイマーを買えていません。通販ではなく、実物で裏のマグネットもちゃんと確認せねば、僕は次の恋に踏み出せません。なので今、めちゃくちゃ不便です。とりあえずスマホのタイマーやガスコンロのタイマーで何とかしています。

マグネットと言えば、キッチンタイマー界に忍び寄る令和最大の危機についても、最後に触れておかないわけにはいかないでしょう。キッチンタイマーは現在、長年にわたる盟友であったはずの冷蔵庫から、小早川秀秋ばりの裏切りにあっています。そう、ガラスドアのおしゃれ冷蔵庫こそがその裏切りの張本人。

ガラスドアにはマグネットがつかないのです。だからキッチンタイマーをそこにくっつけることはできません。週末の買い出しのための「ラップ豆板醤　かたくり粉」などと書いたメモをマグネットで留めておくこともできません。ネットで見かけたリュウジさんのバズレシピを書き留めて貼っておくこともできません。何もできません。

日本のキッチンタイマーのほとんどは、冷蔵庫の扉にくっつけられているのではないかと思います（勝手な推測）。聞くところによると、ガラスドアの冷蔵庫を購入した人のほとんどが、家に届いてからそれがマグネットを受け付けないことに気付いて愕然とすると言います（情報源は知人のみ）。

一応フォローしておくと、ガラスドアであっても側面にはマグネットが付くようです。しかし日本の狭いキッチンでは、冷蔵庫はだいたい壁と食器棚の間にギリギリおさまっています。側面がゆったりと露出する白金台あたりのキッチンスタジオみたいな台所が、日本にどれだけあると言うのでしょう。

ガラスドアの冷蔵庫は確かにおしゃれです。それだけで生活がワンランクアップするくらい素敵です。なんとかあの素敵さを保ったままで、マグネットを裏切らない工夫は無いものでしょうか。僕が家康だったら、できることならば三成と平和裡に話し合いたいです。小早川に苦渋の決断を強いることのない世の中にしとうございます。家電メーカー各社どの、ここはなんとか温情を賜りますよう、伏してお願い申し上げる次第……。

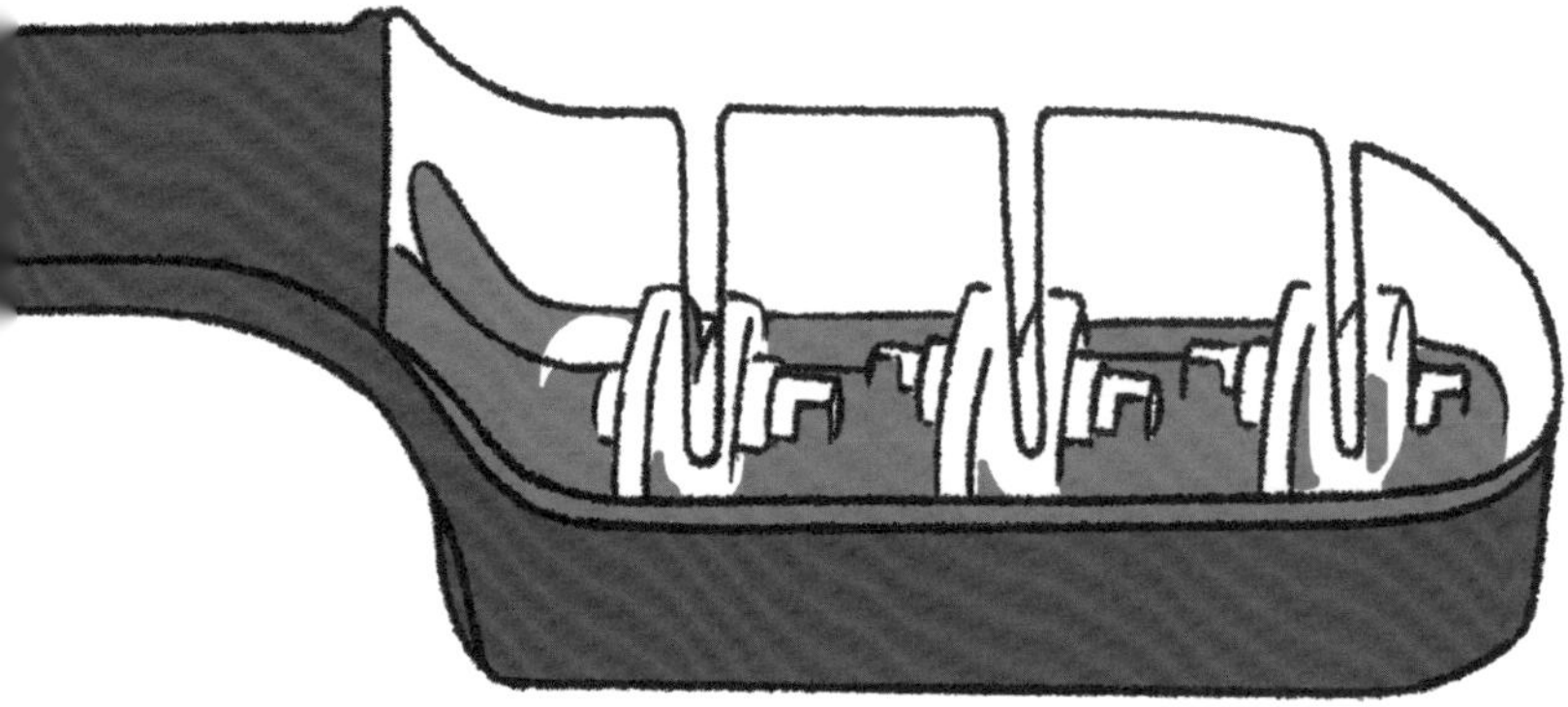

「包丁の切れ味を手軽に復活させるには」現在の最適解

「包丁一本　晒《サラシ》にまいて〜」

という歌があります。すみません、誰のなんていう歌かは知らず、この部分しか知りませんが、ものすごくインパクトのあるフレーズですね。何となく、日本海の荒波押し寄せる岸壁で岩に片足をかけて遠くの海を見つめる、劇画タッチのコワモテ料理人の姿を思い浮かべてしまいます（注：この想像は完全に間違いであることを後に知ることとなります）。

料理人にとって包丁は命。武士にとっての刀のようなものです。和食においては特にそう。僕も板前時代は、鋼の包丁をほぼ毎日研いで、「刺し

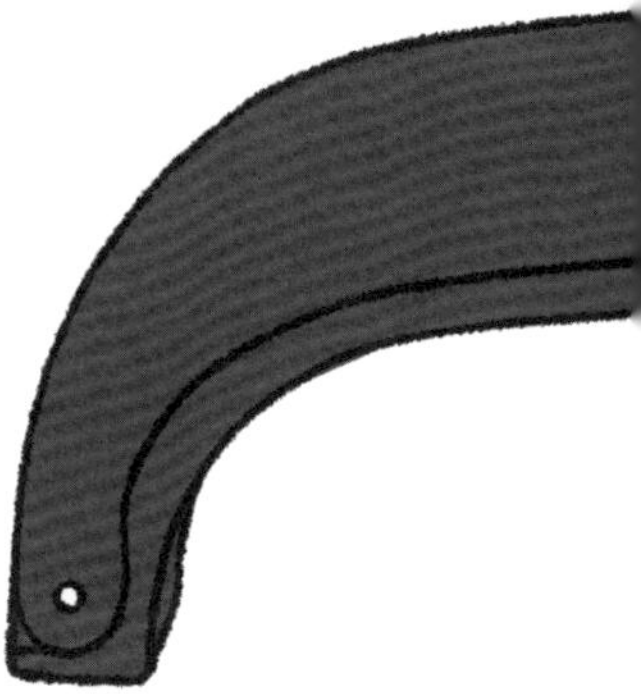

盛り」なんぞを鮮やかにこしらえていました。

しかし正直に告白すると、今や当時の情熱は大方失われてしまいました。いや、失われたというよりは、料理に関してはほかに面白いことがいろいろありすぎて、包丁研いでる場合じゃねえ、と思ってしまうのです。包丁よりホットクックです。ここだけの話にしておいてください。

砥石で包丁を研ぐ情熱は薄れてしまいましたが、だからといって切れない包丁はイヤです。かつて持っていた上等な包丁は、ほとんど人にあげたり店に置いてきてそのまま寄贈したりしたので、今ある包丁は全てニトリですが、こまめに研げばそこそこ切れ味はキープできます。というわけで、僕はいつしか砥石を棚の一番奥にしまいこみ、「家庭用のシャープナー」を使うようになりました。一応プロとしてのプライドが無いわけでもないので、これもここだけの話です。

最初に使った「包丁研ぎ」は、最もシンプルなやつでした。なすくらいのサイズで、テーブルに置いて包丁を何度か引くだけ。もちろん砥石のようにチカチカには研げませんでしたが、普段使いはこれで充分、とも思いました。とりあえず熟したトマトも潰れずに切れましたし、もはや普段の生活でお刺身は重要視しなくなってもいました。どうかすると既に切ってあるスーパーの「お刺身盛り合わせ（半額）」を買ってくる始末です。ここだけの話です。

　使い始めはそこそこ良かったのですが、だんだん研いだ直後でも切れ味が鈍くなってきました。なるほど、家庭用シャープナーは砥石と違って消耗品なんだ、ということを学びました。学んだなら買い替えればいい話なのですが、何せ包丁に対する情熱もシャープナーとともに摩耗していたので、何となく誤魔化し誤魔化し使い続けました。本当は「刃は引くだけで押してはいけない」ということは説明書を読んで知っていましたが、あるとき、前後にギコギコしたら研いだ直後だけはよく切れるようになることを発見し、その荒技で凌ぎ続けました。

　しかしそのうち、それはいよいよナマクラになっていきました。シャープナーも包丁も、両方ともです。僕はついにシャープナーを諦めました。そこで棚の奥から砥石を出してくればイイ話なのですが、既に僕は意固地になっていました。そこで取り出したのはお皿です。

　お皿の裏のザラザラした部分で包丁の刃をシャッシャッと斜めにすると一時的に切れ味が復活します。プロが時折「仕方なく」使う裏技です。僕は少しだけ料理人の誇りを取り戻せた気もしましたが、もちろんそれは気のせいです。それはあくまで応急処置で、包丁はますます傷みます。

しかし、いつまでもそんなふうにのらりくらりと逃げているわけにはいきません。その頃僕は偶然、ある人物に「家庭用電動シャープナー」をすすめられました。ちなみにその人物もプロの料理人です。なので信用して、彼が使っているのと同じものを購入しました。先に言ってしまうと、これは大成功とは言い難いものでした。包丁に対して情熱を失った料理人の言うことなんて、あまり信用に値しないのかもしれません。

成功とは言い切れないものの失敗というわけでもなかった、というのは、この電動シャープナーの名誉のためにもちゃんと言っておかねばなりますまい。電池を入れてスイッチを押すと、それはウィーンと頼もしい唸り声を発します。ポイントは、溝が1本ではなくV字形に2本付いており、包丁の刃の左右の面を別々に研ぐという点です。つまり左を7回、右を3回が標準です。

これはガジェット好きの僕の心に刺さりました。左右を研ぎ分けるなんて、もはや砥石ではないか。これならなかなかプロっぽいぞ、と。紹介してくれた彼にとっても、もしかしたらそのあたりが「プロのくせに……」という、やましさや引け目を緩和してくれるポイントだったのかもしれません。

とりあえず包丁は再び（そこそこ）切れるようになりました。しかし問題がありました。電動なのに手動より面倒くさく、時間もかかるのです。回転する刃に程よい力で押し当てて固定しつつゆっくり動かす、というのは、手動でシュッシュと動かすより、むしろ労力が要るし、何だかじれったい。しかもそれを左右を分けて行うのです。僕はなんだか釈然としませんでしたが、「お皿の裏」に戻るわけにもいかず、釈然としないまま使い続けました。電池も常備して何度か交換しました。

さてそんな僕はこの度、これまでの微妙に納得のいかないシャープナー遍歴に、いったんの終止符を打つことになりました。調理道具の神様、飯田屋さんのおすすめです。その名は「ウォーターシャープ」。形状としては最初に購入した一番シンプルなものと似ていますが、溝が3本付いています。荒砥ぎ、中砥ぎ、仕上げ砥ぎの3段階で順に研いでいく機構です。頼もしい！

そして最大の特徴はその名の通り、本体に水を注入して研ぐ、という点です。本体の透明部分をコア・ファイターのコックピットのように跳ね上げ、そこをL.C.L.（同調接続用液体）のように水で満たすのです。国民的アニメが2つ交ざっています。かっこいい！（★）

そんな頼もしくてかっこいい最新のシャープナーを初めて使ったとき、包丁の柄を握る手に懐かしい感触がありました。L.C.L.、じゃなかった、水に半分浸かった砥石と鉄がざらりと嚙み合う、それはまさに「砥石」の感触だったのです。そのざらり感は、3本の溝を順に進むと少しずつ細やかなものになっていきます。これはもうほぼ砥石です。そう言い切ってしまいましょう。

実際その仕上がりは、すくなくともこれまで体験した（砥石以外の）ものの中で、一等賞であることは間違いありません。研磨する部分のパーツは、それだけ交換もできます。今度こそ、研ぎ味が鈍くなってきたらすぐに交換しようと誓いました。末長く役に立ってくれそうです。

ちなみに後から調べたら、冒頭の歌は藤島桓夫さんが歌う『月の法善寺横町』という歌でした。そしてそれは、荒波打ちつける日本海からは程遠い、大阪の街中が舞台のロマンチックなラブソングでした。全然ハードボイルドじゃなくて、ちょっと嬉しいような残念なような、です。

僕も今後万が一、愛する人を残して修業の旅に出ることがあれば、ニトリの包丁とウォーターシャープをリュックに入れて、月明かりの下で別れを惜しみながら旅立ってみたいものです。

（*）コア・ファイターはガンダム、L.C.L.はエヴァンゲリオンにちなんでいます。詳しくお知りになりたい方はどうぞお調べください。

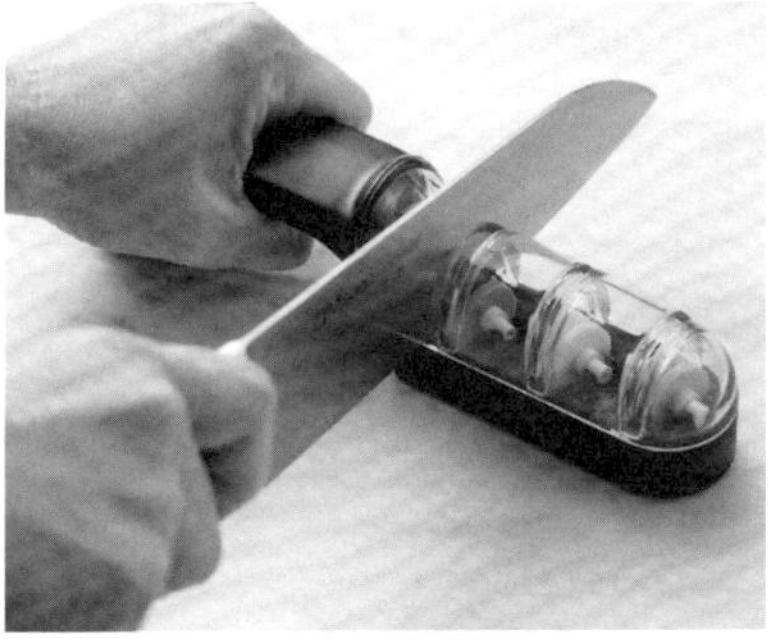

容器に水を満たし、セラミック砥石のローラーに包丁を順番に通していくだけで切れ味が蘇る。

4

なくてもいいけどあった方が楽しい

しりしり器

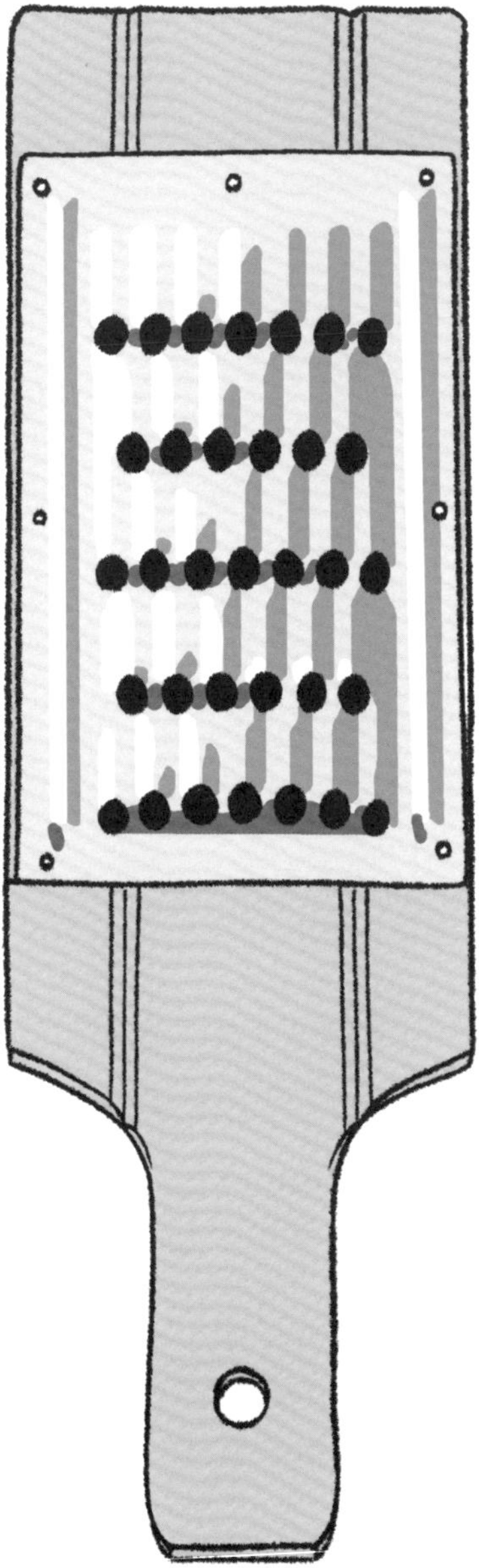

情緒的な見た目を裏切る合理的な名品

僕の友人が沖縄旅行に行ったときの話です。友人は観光客なんて誰も来ないような、町外れの小さな小料理屋に入り、にんじんしりしりを頼みました。そのときお店は若い女性が一人で切り盛りしており、目の前で手早くしりしりを作って出すと、こんなことを言ったそうです。

「普段はおばあが店にいて、おばあが作るときはツナは入れないけど、私はおばあのようにはおいしく作れないからツナを入れるんです」

その「ツナ入りしりしり」もびっくりするくらいおいしかったそうですが、そうなるとおばあのしりしりがますます気になりますね。その日の作り手によってレシピが変わる店、というのも面白いですが、それだけ「にんじんしりしり」が、いつも見ていても、おいそれと真似できないような微妙なコツの上に成り立つ料理だということも言えます。

そんな微妙な要素の中でも、にんじんの形状は極めて重要なポイントであることは間違いありません。ご存じの方も多いと思いますが、にんじんしりしりのにんじんは包丁でせん切りにされることはあまりありません。その名もズバリ「しりしり器」と言われる専用の道具で、切るというよりは「おろす」のです。

しりしり器は木の枠にたくさんの穴が開いた金属板の刃が取り付けられており、それによりにんじんは単に細くカットされるだけでなく、その切断面は包丁でのせん切りとは違い、程よくざらついたものになります。このざらつきによって、シャキシャキしすぎない程よいしなやかさが生まれ、味もなじみやすくなるというわけですね。

今どきの調理グッズとは一味違う、いかにも民芸調な趣があり、それでいてあくまで日常的な実用品なのでそう高価なわけでもないしりしり器は、沖縄土産にもぴったりです。実際、僕もお土産としていくつか買って帰ったことがありました。そのときに、自宅用にもひとつ買って帰ろうかと少し悩んで、やめておきました。

しりしり器と同様の道具は、しりしり器と名前は付いていませんし、枠も木ではなくプラスチックですが、一応存在しており、どこでも買えます。スライサーに替え刃パーツとして付属していることもあります。道具は徹底的に合理性が最優先と考える僕は、昔ながらのしりしり器は、やや情緒性に偏りすぎているのではないかと思ったのです。あくまでシステマチックであることを旨とするわがキッチンにはそぐわない道具である、と。プラスチックの方が場所も取らないし、清潔さも保ちやすそうですしね。

しかし今回、プラスチック製せん切りスライサーと木枠のしりしり器を同条件で使い比べてみて、僕はその浅はかさを反省しました。力を入れてにんじんを刃に押し当てたときの枠のしなり具合は、確実に木枠の方が安定感がありました。手で柄を握るのも、木の方がしっかりホールドできます。伝統的な道具が意外な合理性を備えていることは往々にしてありますが、間違いなくしりしり器もそのひとつでした。

せん切りの太さや切断面のテクスチャーも微妙に異なりました。どちらが良い悪いではないものの、少なくともにんじんしりしりという料理に関しては、当たり前かもしれませんがしりしり器の方がおいしく仕上がりそうなイメージを抱くのは容易でした。スライサーでは沖縄のおばあも「これではツナを入れたとしてもダメだ」と一刀両断するのではないでしょうか（いや、意外と「弘法筆を選ばず」である可能性もありますが……）。

和食は包丁の切れ味をことのほか重要視する料理体系です。それは「刺身」において最も端的に現れますが、これは魚に限ったことではなく、野菜でもやはりそう。大根を桂むきにして繊維に沿って極細に切る、いわゆる「縦けん」と呼ばれるツマは、今では相応の高級店でしかお目にかかれませんが、ちょっとびっくりするくらいおいしいものです。よく見る機械切りのツマとは全くの別物。野菜はなるべく細胞を傷つけないように（野菜自身に切られていることを気付かれないように！）スッと切断するのが良しとされ、さらに面取りや飾り切り、隠し包丁などといった包丁の技が、見た目と味両方の完成度を高めます。にんじんしりしりのようにあえて鋭利すぎない刃物で表面を荒れさせる技法は、かなり例外的と言えます。そもそも沖縄料理自体が和食とは異なる体系の文化、ということもあるでしょう。

世界的にも同様の調理法が点在しています。例えば硬い未熟パパイヤを使うタイ料理のソムタムがそう。あるいは最近は日本でもすっかりメジャーになったキャロットラペも、しりしり器のような道具を使った方が確実に簡単においしくなります。

日本の料理人は、和食の板前さんに限らず、包丁の扱いが巧みです。そういうプロにとっては、お店で実は包丁で切る方が余程手慣れているし、速いもの。大量に仕込む場合のスピードもずっと速いもの。ただしそうやって切られたにんじんのせん切りは、どうしても味がなじみにくいので、一度下漬けでしんなりさせてから水分を搾り、それから最終の味付けをしたりします。もちろんそれはそれで洗練された技法です。にんじんのクセやあくも抜けますしね。

しかし、しりしり器ですりおろしたにんじんで作るラペには、それとは全く違った良さがあるのもまた真実。こと家庭料理では、その方が下漬けも不要な分、工程もシンプルになりますし、にんじんの栄養を逃さず活用できます。というわけで今回は、そんなラペのレシピをご紹介します。フルーツを丸齧りするかのような味わいのラペです。

柑橘類はにんじんのクセを綺麗に消してくれます。ここではオレンジを使っていますが、グレープフルーツもまたちょっとオトナの味わいになって良いものです。どちらもなければオレンジジュースを少し加えるという手も。柑橘の甘みとにんじんの甘みが自然と融合し、まるで新種のフルーツみたいな味わいになるのです。そこでアクセントになるのがクミン。同じセリ科植物ということもあってか、にんじんにはとてもよく合うスパイスです。しりしり器さえあれば、こんな「もう一品」が、いつでもすぐに作れます。

スキルいらずで味しみしみ。しりしり器で作る名副菜

さらにしりしり器と言えば、の定番「にんじんしりしり」と「大根の煮なます」をご紹介します。

にんじんしりしりは家庭やお店によってさまざまな味付けがあるようですが、今回ご紹介するのはちょっと甘辛いおかず味で、お弁当や常備菜にも向く加減です。このレシピからみりんを無しにして醬油も半量くらいまで減らしても、さっぱりしてお酒によく合うと思います。

台湾には、にんじんしりしりに似て、さらにさっぱりした味付けの「にんじん卵炒め」があり、至る所で見かける定番のお惣菜。こちらはツナも入らず味付けは塩が基本です。ごくごく微量の味の素を加えると、味が決まります。こちらも機会があればぜひお試しください。油を多めにするのもおいしく作るコツです。

大根の煮なますは、食欲が振るわないときでも、さっぱりしているのにご飯がモリモリ食べられるという有能なおかず。これは以前、漫才コンビの中川家さんが「おかん料理」として紹介していたもので、実家の冷蔵庫には必ず入っていたそう。おかんが忙しいときに「冷蔵庫にある煮なます食べとき！」と言われる位置づけの料理だったとか。

あまり映えない見た目ですが、作ってみたら、そのおいしさに悶絶しました。冷蔵庫で一晩おいたものはさらに旨かった！　甘酢で煮るだけの煮なますならたまに見るのですが、ご紹介したレシピは、和食のようで和食らしくない、あまりほかで見たことのない調理法のように感じます。もしかしたら韓国料理に似たようなものがあるのではないかと昔から想像しています。詳しい方がいたら教えてください。

見た目もそそる鉄板の副菜〈キャロットラペ〉

[材料／作りやすい分量]
にんじん（しりしり器ですりおろして）…⅔本（100g）
オレンジ…1個
✚ドレッシング
A 塩…1g
砂糖…5g
酢…10g
オリーブオイル…20g
クミンシード…ひとつまみ

包丁では生まれない断面の“ざらざら”によって、食材にドレッシングがよくなじむ。

[作り方]
①オレンジの皮をむき、果肉を外して食べよい大きさにほぐす。
②①で残った薄皮をボウルに搾り、Aを加えてよく混ぜ、ドレッシングを作る。
③②のボウルににんじん、クミンシードを加えて混ぜ、よく揉む。しんなりするまでおく。
④①のオレンジを加えて軽く混ぜ合わせ、器に盛る。お好みでみじん切りのパセリ少々（分量外）をふる。

おかずからおつまみまで〈にんじんしりしり〉

[材料／2人分]

にんじん…1本(150g)

A ツナ缶(オイル漬け)…1缶(70g)
　醤油、みりん…各大さじ1(各18g)

卵…1個

フライパンににんじんとAを入れて火にかけ、さっと炒めたら、蓋をして蒸し焼きに。

[作り方]

① にんじんは洗って皮付きのまま、しりしり器で細切りにする。卵は溶きほぐす。

② フライパンに①のにんじんとAを入れて中火にかけ、さっと炒めて蓋をする。

③ にんじんに火が通ったら、蓋を取って水分をとばすように炒め合わせる。

④ ③に溶き卵を回し入れ、卵に火が通るまで炒め合わせる。

なぜか懐かしさを覚える〈大根の煮なます〉

[材料／2人分]

大根…200g
木綿豆腐…½丁(150g)
A 薄口醤油(なければ濃口醤油でもよい)…大さじ1½(27g)
　みりん…大さじ2(36g)
　酢…大さじ2(30g)
かつお節(小パック)…1袋
ごま油…大さじ½(6g)

しりしり器を使って断面がざらついた細切り大根は、ごま油や調味料のなじみがグンとアップ。細切りにするので皮付きのままでOK。歯ごたえが生まれておいしくなる。

豆腐は手で握りつぶしながら加えることで、大根ともなじみがよくなり、味もよくしみ込む。

[作り方]

①大根は洗って皮付きのまま、しりしり器で細切りにする。
②フライパンにごま油を熱し、大根を入れてさっと炒める。
③②に豆腐を手でつぶして加え、木べらで崩しながら炒める。
④③にAを加え、大根に火が通るまで炒め煮にする。
⑤器に盛り付け、かつお節をのせる。

大根の煮なます

バーナー

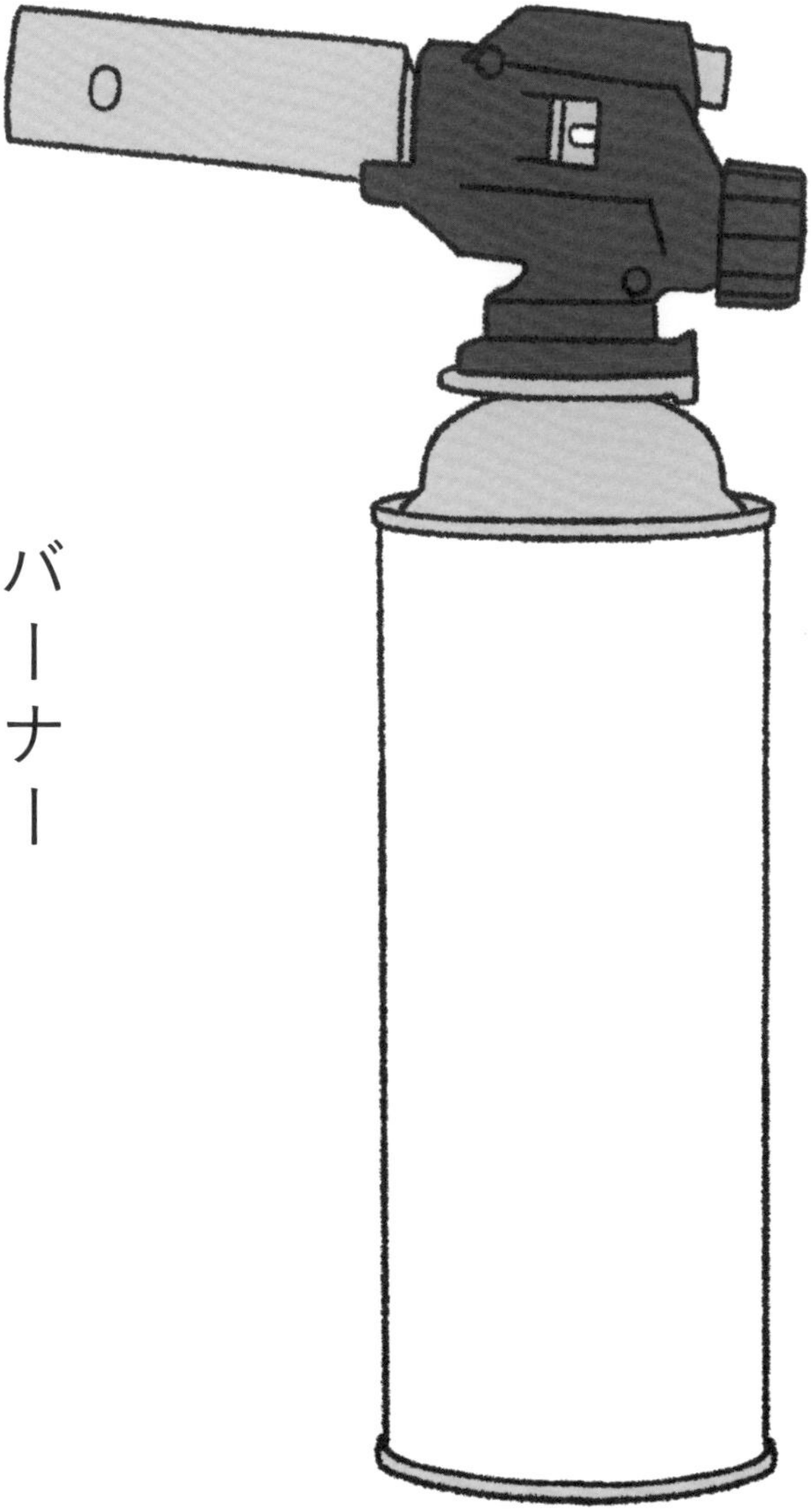

料理好きが購入を悩むガスバーナーの魅力

ガスバーナーは、少なくとも僕が知る限り、20年前には既に飲食店では定番的な道具でした。グラタンや焼き魚などは、オーブンや焼き台で調理がいったん完了しても表面に微妙な焼きムラが残ることがあります。そういうときにはバーナーで追加の焼き目を付けるのです。

クレームブリュレなど、表面にふった砂糖を焦がして仕上げる「キャラメリゼ」には、欠かせない道具と言っても良いでしょう。このためにバーナーを導入した店も多かったのではないでしょうか。ちょっと変わったところで、和食店では山芋の表面のヒゲ根を焼き切るのにも使っていました。バーナーの持つ、中までは加熱しづらく火の当たる表面だけを集中的に加熱するという特徴は、こんなところにも生かされているのです。この処理により山芋の表面を殺菌することにもなり、より安心して風味豊かな皮ごとすりおろすことができました。

近年の大ヒットとも言える使い方としては「炙り寿司」があります。最初はおそらく煮あなごを炙るような昔ながらの仕事を、あくまで効率良くこなすために使われたのだと思います。今でも、「ガス火は独特のにおいがついてしまうから」と炭火にこだわる職人さんも少なくありませんが、この炙り寿司はその後、思わぬ方向に発展しました。回転寿司などでよく見かける、サーモンやえびなどにマヨネーズをのせて炙った寿司です。

最近ではマヨネーズに加えて、チーズだのバジルだのピリ辛の何かなどバリエーションも増え、「炙り寿司」だけでメニューの1カテゴリーとなる勢いです。こうなるともはや、炭火にこだわる、なんてことを言っていられる世界ではありません。ちなみに大手寿司チェーンではこういった炙りメニューのあまりの人気に、今では専用の炙りマシーンが導入されているそうですが、これもまたあくまでガスバーナーを経ての進化です。

回転寿司でこういった進化系炙り寿司を見かけると、最初は「こんなの寿司文化に対する冒瀆《ぼうとく》だろう……」といったんスルーします。カリフォルニアロールさえ寿司と認めることを拒んだ、日本人らしい潔癖さが、その存在から目を背けさせるのでしょうか。

しかし目の前を何度も通過していくそれを、無視し続けるのもまた困難です。

「サーモンにバジルにマヨネーズにチーズか。そこにこんがりと焼き目が付いて……それを寿司と呼ぶかどうかはともかく、料理としてはアリなのではないか」

と、それを食べても良い言い訳を考え始めている自分がいます。なぜなら、炙ったことによる焦げ目とじんわりにじみ出た脂には、万人を説得しうる抗い難い魅力があるから。

「せっかく回転寿司に来たんだから、やはりこういうところでしか食べられない類の物も食べておくべきだろう」

結局そうやって理論武装を完成させ、内心ウキウキで手を伸ばすことになります。それまで魚と米だけを食べてきた清廉なる舌に、コッテリした炙り寿司が与えるインパクトは相当なものです。

「うむ」とうなずき、次は躊躇《ためら》いなく「炙りえびマヨグラタン風」に手を伸ばします。そして毒を食らわば皿までとばかりにタッチパネルから「濃厚鶏白湯担々麺」までオーダーしてしまいます。その後はマンゴーのミニパフェです。これが回転寿司というものです。

決して主役ではないけれど、こうやって飲食店の歴史の中で暗躍してきたガスバーナー、実は元々は業務用というより家庭用の商品として開発された道具でもあります。だから、一家に一台あってもおかしくない……と言いたいところではありますが、僕としては、絶対あるべき、とまでは主張し切れません。

とはいえ、あると何かと便利かつとても楽しいのは間違いない。買うべきか買わざるべきか、なんとも絶妙なポジションです。強いて言うなら、カセットコンロを使われているご家庭なら（つまりせっかくカセットガスを常備しているなら）、そのアタッチメント的な感覚で持っておくと良いのかな、とは思います。バーナー本体は極めてコンパクトなサイズですしね。

そしてこれもまた、時代とともに確実に進化している道具です。昔はちょっと安物を買うと、傾けるだけで炎が消えたり、不完全燃焼で黄色い炎がメラメラ上がったりと往生したものです。今は、比較的安価な部類の機種を選んでも、点火や火力のコントロールは極めてスムーズ。常に青白く綺麗な炎が真っ直ぐに出ます。その点は完全に安心して良いと思います。

〈炙りサーモン〉大人のアボカドタルタルと

［材料／作りやすい分量］
サーモン(刺身用)…10切れ
Aアボカド…1個(120g／1.5cmの角切り)
玉ねぎのみじん切り…大さじ2
トマト…½個(80g／1.5cmの角切り)
ディル(粗みじん切り)…適量
★またはお好みのハーブ。大葉、パクチーでもOK
ヨーグルト…大さじ2(30g)
塩…小さじ⅓(2g)
黒こしょう…少々
オリーブオイル…適量

薄切りの刺身は火が通りやすいので、状態を見ながら炙るのがコツ。

［作り方］
① Aを混ぜ合わせる。
② サーモンの刺身を皿に並べる。バーナーで炙り、塩、こしょう各少々(分量外)をふる。
③②の中央に①をこんもりと盛り、オリーブオイルを全体にかける。お好みでディル少々(分量外)を添える。
★食材を盛り付ける器にバーナーの火が触れるときは、器の材質、耐熱温度にご注意ください
★サーモンは切り身ではなく、サクの状態でまわりを炙ってからスライスするのもおすすめ。炙った層がボロボロになりやすいので、必ずよく切れる包丁で

炙りサーモン

ガスバーナーがあればグラタンも気軽に食卓へ

「グラタンには魔法がかかっている」……そう思いませんか？　どんな物でもグラタン皿に入れてこんがり焼けば、なんだか確実にワンランク「ご馳走感」がアップします。グラタンは本来、器ごとオーブンに入れてじっくり火を通す料理ですが、その肝心要な「表面をこんがり焦がす」という部分をバーナーに頼ると、よりお気軽に、かつ自由度高くグラタンが作れます。

マカロニグラタンやラザニアなど古典的で重厚なグラタンならば、やはりオーブンでじっくり焼いた方がおいしいという面もありますが、シンプルで軽い仕立てのグラタンであれば、かえってバーナーの方が適している場合もあります。

ご紹介した「グラタンドフィノワーズ」もそのひとつ。ベシャメルソースを作る必要もなく、生クリームも使わず、簡単に言ってしまうと「じゃがいもを生から牛乳で煮るだけ」です。じゃがいもにほどよく火が通る頃には牛乳にほどよいとろみが付いているはず。おうちにいつでもある材料だけであっという間にできてしまいます。オーブンいらずで簡単にできるし、バーナーで炙ったチーズがとろけて、焦がした香りが鼻腔を刺激します。これだけで軽い食事になりますし、肉料理の付け合わせとしてもおすすめです。

もう一品の「白桃のグラタン」のほうも、やっぱりいつもある材料だけですぐ作れます。卵・牛乳・砂糖で作るソースは、湯せんしなくてもごく弱火で加熱すればＯＫ。火を入れすぎるとスクランブルエッグのようになってしまうので、とろみが付いたところで火からおろすのが最大のポイントです。好みの洋酒を加えると、よりお店っぽい味に近付きます。ソースを冷蔵庫で冷やし、冷たい桃と合わせて上だけバーナーで炙るのもおすすめ。冷＆熱のコントラストが楽しめます。オーブンではできない、バーナーならではの調理法です。フルーツのフレッシュ感は生かしたままのグラタンですので、オレンジ、キウイ、バナナ、メロン、スモモ、梨、柿などなど、どんなフルーツでも応用自在。こちらもぜひお試しください。

香ばしさもご馳走〈グラタンドフィノワーズ〉

[材料／2人分]

A じゃがいも…200g
スライスベーコン…1枚
にんにく…ひとかけ
牛乳…150g
ローリエ…1枚
ナツメグ(あれば)…少々
塩…小さじ1/3(2g)
こしょう…少々

溶けるチーズ(シュレッドタイプ)…好みの量
パセリ…少々

チーズは余熱で溶けるので、熱々のうちにバーナーで炙って焦げ目を付けて。チーズが溶けることで食欲が刺激される香ばしい香りも！

[作り方]

① Aのじゃがいもは皮をむいて7㎜厚さ程度の半月切りにする。ベーコンは1㎝幅に切り、にんにくはすりおろす。
② 鍋にAを入れて中火にかけ、じゃがいもが柔らかくなって、全体に少しとろみがつくまで15分ほど煮る。
③ 熱々の②を耐熱皿に入れて全体にチーズを散らし、バーナーで炙って焦げ目を付け、みじん切りにしたパセリを散らす。

オーブンいらずのデザート〈白桃のグラタン〉

［材料／2人分］
桃…½個
A 卵黄…2個分
　牛乳…50mℓ
　砂糖…30g
ラム酒やリキュール（好みで）…適宜
砂糖…適量

Aを混ぜて鍋に入れ弱火にかける。鍋底から混ぜながら加熱し、シリコンベらでかいてみて、鍋底が見える程度のとろみがついたら出来上がり。煮つめすぎに注意。

上手に焦げ目を付けるには、まずバーナーで全体を炙って砂糖を飴状に溶かし、次に集中的に炙る。焼き目が付いたら、次のポイントに移って同様に炙るのがコツ。

［作り方］
①桃は冷蔵庫で冷やしておき、皮をむいて5㎜幅のいちょう切りにする。
②Aを混ぜ合わせ、テフロン加工のミルクパンに入れて弱火にかける。シリコンベらで鍋底から常に混ぜながら、とろみがつくまで火を通す。仕上げにラム酒などを加えてもよい。
③耐熱皿に桃を並べて②のソースを流し入れる。砂糖を全体にふりかけ、バーナーで焦げ目が付くまで炙る。

100均にて。卵グッズを巡る冒険

世の中には、調理アイデアグッズというものがたくさんあります。そういうものがずらりと並ぶ売り場を初めて見たのは、東急ハンズだったような記憶があるのですが、今では100円均一ショップ、「100均」にも大量に並んでいます。中でも、卵関連のアイテムは、それだけで1コーナーを成すくらい充実しており、それを見かける度に「日本人はなんて卵が好きなんだろう……」と、ある種の感慨すら覚えてしまいます。いや、もしかしたらそれは日本人に限られることではなく、人類は卵好きである、と言うべきなのかもしれませんが、とにかく卵料理は広く深く愛されています。なので、アイデア調理グッズの世界においても、卵関連商品の品揃えは充実しています。

卵が最も活躍する場のひとつが「お弁当」。お弁当には卵焼きが欠かせません。しかし近年、絶対王者卵焼きに迫らんとするダークホースが登場しています。そう、それが味付け半熟卵。特にインスタやTikTokで注目を集めるキラキラ弁当の世界においては、もはやマストアイテムと言えるでしょう。

さて、アイデアグッズを駆使してこの味付け半熟卵を作ろうとしたとき、そこには何種類のアイテムが登場するかおわかりでしょうか。答えはなんと4種類、「卵の殻に穴をあけるやつ」「ゆで時間のタイミングを見極めるやつ」「殻をむくために全体にヒビを入れるやつ」「調味液に卵を漬け込むやつ」です。

アニメ『サザエさん』の有名なエピソードで、波平さんが「全自動タマゴ割機」を発明するというものがあります。こちらは完全にシュールなギャグですが、この味付け半熟卵四天王はギャグでもなければシュールでもありません。生活です。

いったいこのうちどれとどれが本当に必要なのか、それは結局のところ、使用頻度が全てと言えます。もし僕がラーメン屋さんで、一日100個の味付け半熟卵を作るとしたら、四天王は全員召喚しそうな気もします。では、週に5回2人分ずつの（多少はキラキラした）お弁当を作る立場だったらどうか。気が向いたときだけインスタントラーメンにのせたい程度の頻度ならどうか。卵関連に限らず、アイデアグッズの有用性の判断は、結局そこに行き着きます。

卵グッズの場合、有用性にもうひとつ重要なポイントがあります。卵料理は簡単なようで案外シビアなところがあります。例えば、普通の卵焼きはまだしも、だし巻きや茶碗蒸しとなるとそれなりの技術も必要。ゆで卵の殻だって、綺麗にむくにはコツがいります。そういうポイントを、時に電子レンジの助けも借りたりしつつクリアせんとするのが、卵グッズの重要な使命とも言えます。

茶碗蒸しやだし巻きを電子レンジでおいしく作ろうだなんて、ちょっと虫が良すぎはしまいか。誰もがそんな疑惑を抱くと思います。実際のところはどうなのでしょう。さっそく検証していきたいと思います。

（★）いずれもダイソーにて2024年4月に購入した製品です。取り扱いがない場合もあります。

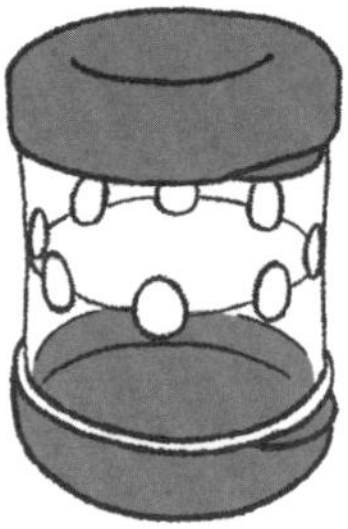

[たまごの殻むき]

穴あけに続いて、なんと殻むきにまで専用機が！　ただしこれで完全に殻がむけるわけではなく、あくまで「殻をむくために殻全体にヒビを入れるための道具」です。もしかして手でやった方が早……いや、なんでもありません。

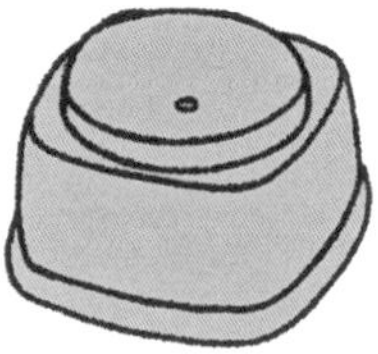

[卵の穴あけ器]

生卵の底部に穴を開けると、ゆで卵の殻がむきやすくなります。そのための専用器具。ここから続くゆで卵グッズも含めて、世の中の人はこんなにもゆで卵（というか主に味付け半熟卵）に情熱を燃やしているのか！と驚かされます。これを役立てることができるかどうかはその情熱次第でしょう。

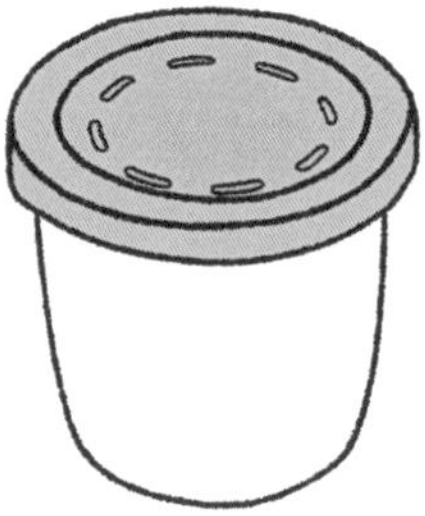

[レンジでかんたん!! 茶わん蒸し器]

簡単ではありますが、加熱時間はその都度調整する必要がありそうです。僕がやったときは、パッケージに書いてある 2 分では固まらず、その後 10 秒ずつ、3 回くらいやって調整しました。いずれにせよ、ちゃんと固めようと思ったら確実にスが立ちます。多少スが立っても茶碗蒸しはおいしいものですが、だったら普通に家にある茶碗や湯呑み、マグカップなどでもいいのかもしれません。

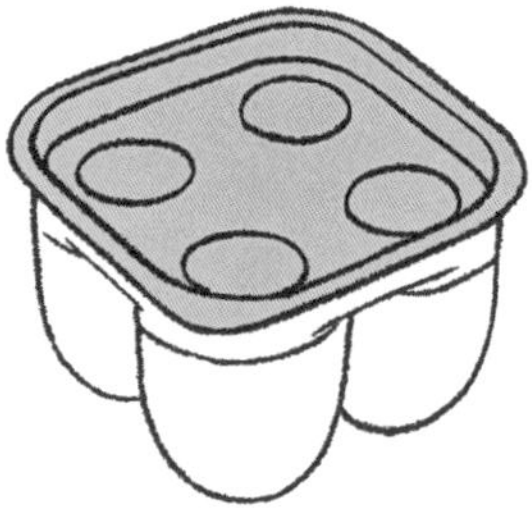

[味付けたまごメーカー]

ゆで卵シリーズもついに最終工程。今、予測変換で「最終皇帝」と出ましたが、まさに味付け半熟卵史におけるラストエンペラーの登場です。少量の調味料（麺つゆ等）で卵全体がしっかり浸かります。必要かどうかは、これぞまさしく味付け半熟卵への情熱次第ですね。僕は残念ながら“情熱ほどほど”なので、「ポリ袋に入れて空気を抜き、小さめのボウルなどに収める」方法を選んでしまいそうです。

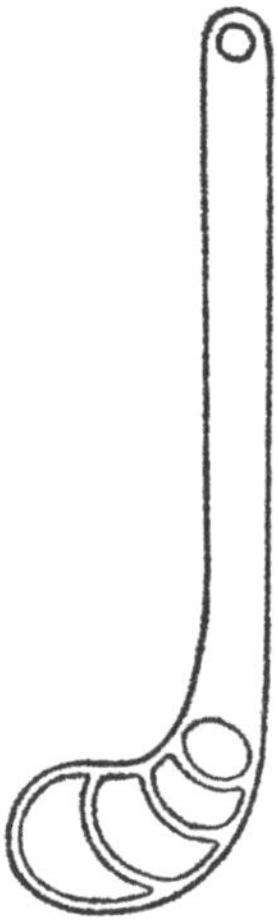

[ときたま名人]

実に渋い道具です。この形状に行き着くまでの試行錯誤を想像すると、胸に熱いものが込み上げてきます。注意したいのは、満遍なくさらさらになるまでとく道具というより、あくまで適度なコシを残すことに主眼を置いたもの、という点。つまり、楽ちんさよりはどちらかというとプロっぽい匠の技を目指すものですね。親子丼や卵丼をしょっちゅう作る人は試してみてもいいのではないでしょうか。

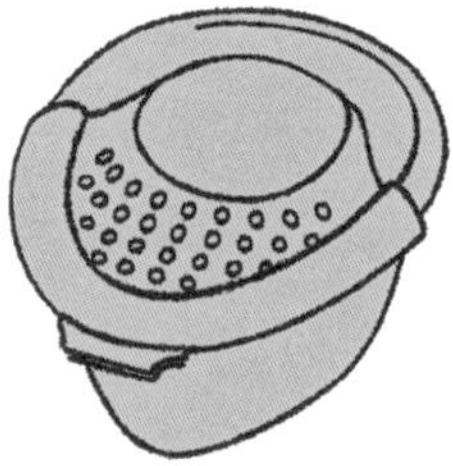

[レンジでかんたん！ 温泉たまご]

割った生卵と少量の水を入れて、温泉卵や半熟卵、ポーチドエッグ風のものを作るアイテムです。茶わん蒸し器同様、加熱時間は調整する必要がありそうです。だったら別に普通のお茶碗などでも、という話もありますが、余分な水を切るパーツが付いているのはけっこう嬉しいところかもしれません。

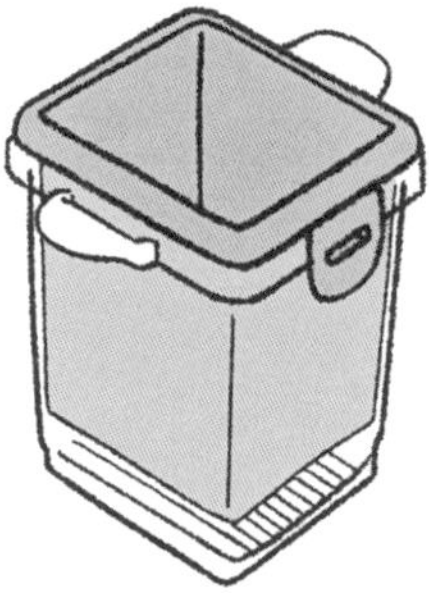

[レンジで簡単 だし巻きたまご]

正直に言います。舐めてました。温泉卵などと同様、「それっぽい」ものが作れるだけのことだろう、と。そうではありませんでした。かつて料理屋でだし巻き卵の修業に明け暮れていたあの日々はなんだったのか、とすら思わされました……というのは言いすぎで、やはり普通に作った方がおいしいことはおいしいです。しかしその差は案外わずかです。そしてあくまで卵1個分を作る前提なら、むしろこちらの方が上です。詳しくは次ページにて。

〈おばあちゃんの甘い玉子焼き〉

[材料／1人分]
卵…1個
A 醤油…小さじ½
砂糖…大さじ1
サラダ油…小さじ1
水…大さじ1

★お弁当にもおすすめのしっかり甘辛味。甘くするならここまで甘いといっそ清々しくおすすめ

〈正統派だし巻き卵〉

[材料／1人分]
卵…1個
A 麺つゆ（3倍濃縮）…小さじ1
サラダ油…小さじ1
水…大さじ1

★まずは王道のこちらを作って驚いてください。サラダ油でぐっとプロの味に近づきます！

〈般若玉子〉

[材料／1人分]

卵…1個

A 醤油(あれば薄口醤油)…
　小さじ⅔
　日本酒…大さじ1
　サラダ油…小さじ1

⋆卵焼きなのに(?)、お酒の香りが匂い立つ。酒呑み(だけ)にはたまりません

⋆作り方はすべて同じです。

[作り方]

①〈だし巻き卵器〉(P215)に卵を入れて割りほぐし、Aを加えてよく混ぜる。

②①を電子レンジ(500W)に入れ、そのまま40秒加熱する。

③いったん取り出し、箸などで全体をよく混ぜてから、さらに40秒加熱する(卵の大きさやレンジの加熱具合で調整する)。

④「型押し」の蓋を押し込んで固定したら、そのまま1分ほどおいて成型する。容器から取り出し、食べやすい大きさに切って器に盛る。

⋆今までの苦労はなんだったんだ?というほど、完成度の高い卵焼きが出来上がります。ふわっと柔らかく仕上げるコツは、必ず油を入れること

調理道具INDEX

［蒸し器］P014〜029

★蒸籠は、直径18〜21cmくらいのもの1段が1人分の目安。3〜4人分なら直径24cm程度のものを。蒸籠の材質は、「杉＜竹＜ひのき」の順に、強度と耐久性、価格が上がる。使用後は湿らせた布で拭くか、汚れのひどいときはサッと水洗いしてよく乾かす。

★和平フレイズ「シリコーンスチーマー」サイズ（約）幅25.0×奥行16.5×高さ8.4cm／シリコーンゴム製。電子レンジ・オーブン対応。耐熱200℃。深型なので蒸し料理だけでなく、麺類など汁物調理も可能。保存にも便利。

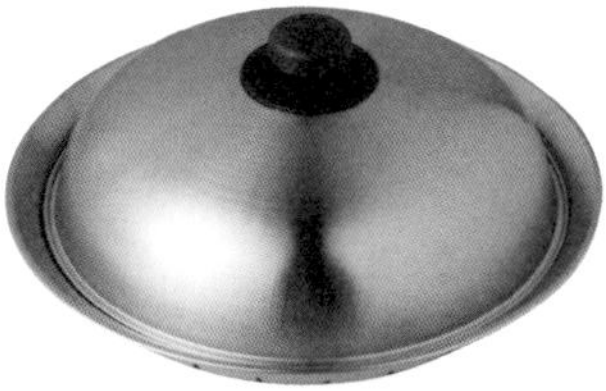

★ヨシカワ「美味彩菜 フライパンにのせて使う 蒸しプレート」サイズ 内径23.5×深さ2.0×蓋高さ9.5cm／ステンレス製。24〜26cmのフライパンに対応。フライパンに湯を沸かし、この蒸しプレートをのせるだけで蒸し器になる。

【ストウブとル・クルーゼ】P042〜057

★ストウブ「ピコ・ココット」／ストウブを代表する鋳物ホーロー鍋。ガラスを原料とするエマイユ（ホーロー）加工は食材の酸に強く、耐久性にも優れている。内部は細かな凹凸が施されているため、表面積が増えて油なじみがよく、焦げつきにくい。

★ル・クルーゼ「シグニチャー ココット・ロンド」／鋳物に複数層のホーローを焼きつけ、研磨した保温性抜群の鍋。優れた熱伝導と蓄熱性によって、食材にゆっくりむらなく火が入り、甘みや旨みを引き出す。

★写真は私物。現行品のツマミはステンレス製

【自動調理鍋】P094〜109

★シャープ「ヘルシオ ホットクック」調理容量2.4ℓ（満水容量4.7ℓ）サイズ 幅34.5×奥行30.5×高さ25.6㎝／蒸しトレイ付き。2〜6人用。別売の「もっとクック」があれば、「ヘラでのかきまぜ」調理も実現。

★P100、108では撮影のためにアームを開いています。実際はアームは閉じた状態でセットします

【低圧力鍋】P058〜069

★マイヤー「クイッカークッキング」調理容量2.5ℓ サイズ 直径18㎝／IH・ガスともに対応。時短とおいしさを両立させる加圧鍋。調理途中でも簡単に蓋の開閉が可能で、食材の状態を確認できる。約2割の時短調理が叶う。

［電気圧力鍋］P110〜121

★パナソニック「電気圧力鍋」NF-PC400 調理容量 2.6ℓ サイズ（約）幅 34.0×奥行 27.4×高さ 26.2㎝／計量カップ、おたま、蒸し板付き。圧力調理のほか、無水調理、低温調理、蒸し調理も可能。自動調理メニューも充実。

［おろし金］P134〜149

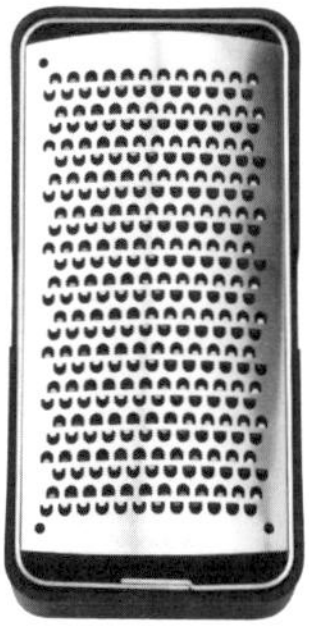

★飯田屋「エバーおろし」サイズ（約）幅 13.5×奥行 6.5×高さ 2.5㎝／ステンレス製。受け皿付き。にんにく、しょうがなど繊維が残りやすい食材でも、少ない力で細かくおろせる。チーズ、柑橘類の皮など用途は多彩。

［スライサー］P150〜157

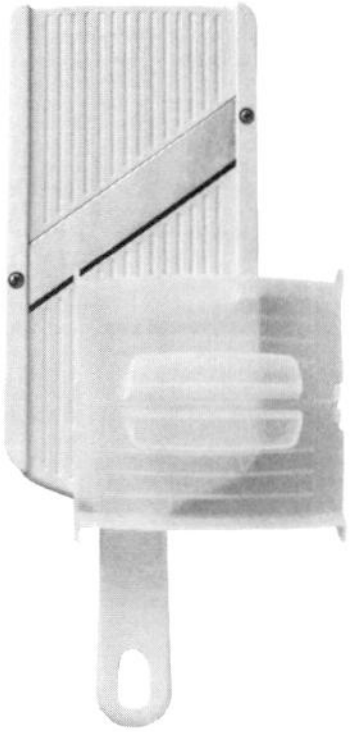

★サンクラフト「包丁職人が作ったキャベツスライサー」サイズ（約）長さ 31.8×幅 11.6×高さ 2.9㎝／安全ホルダー付き。岐阜県関市の包丁作りのノウハウから誕生。業務用包丁にも使われる硬質ステンレスを使った切れ味抜群の逸品。

［オイルポット］P158〜167

★コンテ「こします」（小）推奨容量 300㎖（満水容量 560㎖）サイズ 高さ 11.6×直径 9.7㎝／ステンレス製。内部のメッシュフィルターで汚れをこして、きれいな状態で油を保管できる。コンパクトなサイズがおすすめ。

［シリコンべら］P168〜175

★全体がシリコンでできた一体成形タイプ、柄が別素材で本体に差し込まれているタイプがあるが、衛生面を考えると一体型がおすすめ。かつヘラの中央部分が凸型の平面になっているものが使いやすい。

［包丁研ぎ器］P182〜187

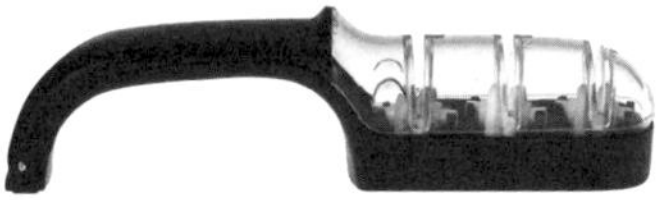

★片岡製作所「ウォーターシャープIII M151」サイズ（約）長さ21.2×幅4.0×高さ5.6㎝／セラミック製。水研ぎができる包丁研ぎ器。荒砥、中砥、仕上砥にあたる3段階の研ぎができる。交換用の砥石もあり。

［しりしり器］P190〜199

★京都活具「しりしり器」サイズ 長さ27.2×幅8.5×高さ1.6㎝／刃部ステンレス製。昔ながらの木製の調理道具。6㎜穴の特製刃を使用。包丁で切るよりも食材の断面が粗く凹凸になるので、味のしみ込みがいいのが特徴。

ヨシカワ
https://www.yoshikawa-lifestyle.com/
和平フレイズ
https://www.wahei.co.jp/
ル・クルーゼ
https://www.lecreuset.co.jp/
ストウブ
https://www.zwilling.com/jp/staub/
マイヤー
https://meyer.co.jp/pages/kat
東京ガス（ピピッとコンロ）
http://home.tokyo-gas.co.jp/
シャープ
https://jp.sharp/hotcook/
パナソニック
https://panasonic.jp/cook/products/NF-PC400.html
飯田屋
https://kappa-iida.com/
サンクラフト
https://www.suncraft.co.jp/
コンテ
https://conte-tsubame.jp/
片岡製作所
https://kitchenkataoka.co.jp
京都活具
https://kyoto-katsugu.jp/
ダイソー（100均グッズ）
https://www.daiso-sangyo.co.jp

さいごに

現代は、料理なんて別にしなくてもいい時代になりつつあります。出来合いの食べ物は、かつてと比べて随分クオリティが上がり、どんどんバラエティ豊かになってきています。安い外食は、昔は仕方なく利用するものだったかもしれませんが、今では充分過ぎるほどおいしいお店がいくらでもあります。

しかしそんな時代だからこそ、僕は家で料理をするということを一層大事にしたいと思っています。もちろん、栄養バランスや節約を考えて、あるいは外食や出来合いの味がどうしても画一的なものになりがちだから、という理由もあります。しかし一番重要なのは、料理を作ることそのものの楽しさを手放したくないからです。

もちろん料理は楽しみだけではありません。作りたくないけど義務感で日々渋々作っている人も少なくないでしょう。普段は料理が好きと断言している僕だって、時にはそれが億劫な日もあります。時間や気持ちの余裕が無くて、したくてもできない日もあります。

だから、料理を楽しむ一番のコツは、そこからいかに苦痛だけを取り除くかではないかと思うのです。無駄な手間を省き、作業を効率化し、そのために使えるものはなんでも使う。その「使えるもの」とは何なのかを探り続けたのがこの本です。もはや助手とも言えるハイスペックな機械もあれば、手の延長として使い勝手の良い素朴な道具たちもありました。

そんなさまざまな調理器具たちを、僕はその後も手放せなくなりました。そうは言ってもキッチンのスペースには限りがあります。四次元ポケットはまだ発明されていません。結局、僕はダイニングテーブルの横にキッチンワゴンを置くことで、そのスペース問題を解決しました。

昔ながらの伝統的な手仕事には憧れがあります。リスペクトもしています。しかしそれを全てそのまま実行する余裕はありませんし、無理にそれをしようとすると、いつしかそれは苦痛になるかもしれません。なので、省けることは省きます。そして省くからこそ、譲れない部分はしっかり守ることができるのです。外食では得られない味。食卓上の風景。新しい味との出会い。側から見たら些細なこだわりかもしれませんが、自分にとってはとても大事なこと。徹底的に楽をしながら徹底的に楽しむ、そんな日々を僕は「丁寧な雑暮らし」と呼んでいます。

今も僕は、ホットクックに仔羊のナヴァランを任せ、電気圧力鍋に野菜スープの材料を全て放り込んでスイッチを入れてから、ダイニングテーブルにタブレットとキーボードを置いて、この「あとがき」を書いています。ワゴン上のホットクックからは、ゴトリ、と「まぜ技ユニット」が回転し始める頼もしい音が聞こえてきました。電気圧力鍋は、いつものようにごく物静かに、粛々とその役割を果たしてくれているようです。

子どもの頃に観たＳＦアニメでは、謎の箱みたいな機械のパネルを何やら操作すると、機内食みたいな料理一揃いがどこかしらから転送されてきていました。結局そんな未来は来ないまま21世紀ももう４分の１ほどが経過したわけですが、別に今さらそんな未来を望むことはないでしょう。今のこの状況の方がずっと楽しいのは間違いありません。そんな幸せな未来を、僕たちは今、生きているのです。

稲田俊輔《いなだしゅんすけ》
料理人、飲食店プロデューサー。
南インド料理店「エリックサウス」
総料理長。

鹿児島県生まれ。京都大学在学中より料理修業と並行して音楽家を志すも、飲料メーカー勤務を経て友人とともに円相フードサービスを設立。料理の道に専念することとなる。インド料理のほか、和食、フレンチ、洋食などさまざまなジャンルのメニュー監修や店舗プロデュースを手掛ける。食に対する探究心が存分に発揮されているX（@inadashunsuke）での発信も話題を呼び、おいしいもの好きのファンを多数持つ。著書にレシピ本『南インド料理店総料理長が教える だいたい15分！本格インドカレー』（柴田書店）、新書『人気飲食チェーンの本当のスゴさがわかる本』（扶桑社新書）、エッセイ『おいしいもので できている』（リトルモア）など多数。2023年『ミニマル料理』（柴田書店）で料理レシピ本大賞「プロの選んだレシピ賞」を受賞。

撮影　嶋田礼奈
スタイリング　山口裕子
イラスト　ine
デザイン　若山嘉代子　L'espace
編集担当　山本 忍
取材協力　内田いつ子

現《げん》代《だい》調《ちょう》理《り》道《どう》具《ぐ》論《ろん》
おいしさ・美《うつく》しさ・楽《たの》しさを最《さい》大《だい》化《か》する

2024年7月17日　第1刷発行

著者　稲田俊輔《いなだしゅんすけ》
発行者　清田則子
発行所　株式会社　講談社
〒112-8001　東京都文京区音羽2-12-21
編集　☎03-5395-3447
販売　☎03-5395-3606
業務　☎03-5395-3615

KODANSHA

印刷所　大日本印刷株式会社
製本所　大口製本印刷株式会社

223p　18.8cm

ISBN 978-4-06-535988-4

JASRAC　出　2404953-401